Eifel

Traumpfade ②

traum pfädchen

20 Premium-Wege in der vorderen Eifel

Ulrike Poller und Wolfgang Todt

Die Traumpfade machen ihrem Namen alle Ehre: Fantastische Aussichten, erlebnisreiche Pfade und gemütliche Einkehrstationen lassen jeden Wandertag zum schönen Tag werden. Ulrike Poller und Wolfgang Todt haben die Traumpfade Meter für Meter erobert. Die beiden Wanderprofis beschreiben in diesem Band die schönsten Wanderungen in der Eifel, die zugleich tolle Einblick in die Erdgeschichte bieten. Ergänzt werden die Traumpfade von den neuen Traumpfädchen. Diese Premiumspazierwanderwege sind kürzer und einfacher zu erkunden, doch genau so schön wie ihre großen und erfolgreichen Geschwister.

INHALT

Download der .gpx-Daten unter www.wander-touren.com

Anfahrt einfach gemacht

Code scannen, Startpunkt laden

scan to go®

Wanderwege des Jahres

ZEICHEN IM BUCH

- Wanderweg
- Zuweg
- Einfach
- Mittel
- Schwer
- Sehr schwer

Erläuterung zur Schwierigkeit unter:
www.schoeneres-wandern.de/html/schwierigkeit.html

- Download GPX
- Gehzeit
- Steigung/Gefälle
- Höchster Punkt
- Kalorienverbrauch
- Anfahrt
- Parkplatz

- Telefonnummer
- E-Mail-Adresse
- Internet-Adresse
- Öffnungszeiten/Termine*
- Start/Ziel
- Streckenpunkt
- Tourist-Info
- Einkehren
- Übernachten
- ÖPNV
- Taxi
- Entdecken
- Kindertipp
- Burg
- P Besonderer Streckenpunkt

- Höhenangaben bezogen auf NN
- Entfernungsangaben: Beschriebene Hauptstrecke inkl. empfohlener Abstecher (Zirka-Angaben)
- GPS-Daten: Kürzeste Strecke
- Zeitangaben: Mittleres Wandertempo (reine Gehzeit ohne Pausen)
- Koordinatenangaben der POIs: Wir geben UTM-Koordinaten der Zone 32 U WGS 84 an. Dieses System nutzen u.a. alle offiziellen Karten der Landesvermessungsämter. Für die Pkw-Navigationsgeräte geben wir für die Park-/Startplätze die geografischen Koordinaten in Breite/Länge (hddd°mm'ss.s) an. Diese können von den meisten gängigen AutoNavis verwendet werden. In den Outdoor GPS-Geräten sowie auf PCs und mobilen Geräten können die Koordinatensysteme entsprechend eingestellt werden.

- Allgemeine Infos:
  Projektbüro Traumpfade
  Bahnhofstr. 9, 56068 Koblenz
  0261/108419 www.traumpfade.info

* Öffnungszeiten sind saisonabhängig. Bitte telefonisch erfragen.

TRAUMHAFT WANDERN
Erlebnisreiche Touren
auch für kurze Tage
• Rhein, Nahe, Mosel und Saar
• zwischen 2 und 6 Kilometern
• 2 x 12 Spazierwanderwege
Band 1: 978-3-942779-63-0
Band 2: 978-3-942779-66-1
PREMIUM
SPAZIER
WANDERN
MOSEL • SAAR • HUNSRÜCK
PREMIUM
SPAZIER
WANDERN
RHEIN • MOSEL • HUNSRÜCK
TRAUMPFÄDCHEN & TRAUMSCHLEIFCHEN
KURZ & SCHÖN BAND 1
ideemedia
NEU
je 12,90 €
ideemediashop.de

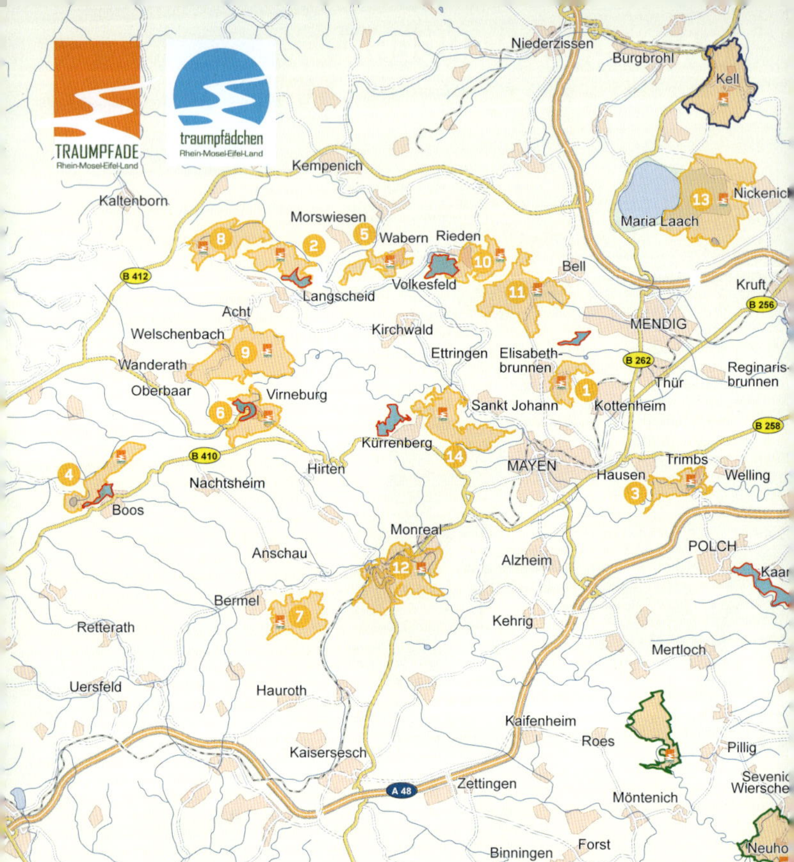

Eifel ②

1. Vulkanpfad
   Mendinger Römerreich
2. Wacholderweg
   Langscheider Wacholderblick
3. Nette-Schieferpfad
4. Booser Doppelmaartour
   Eifelturmpfad Boos
5. Heidehimmel Volkesfeld
6. Virne-Burgweg
   Virneburger Burgblicke
7. Hochbermeler
8. Bergheidenweg
9. Wanderather
10. Waldseepfad Rieden
    Riedener Seeblick
11. Vier-Berge-Tour
12. Monrealer Ritterschlag
13. Pellenzer Seepfad
14. Förstersteig
    Eifeltraum

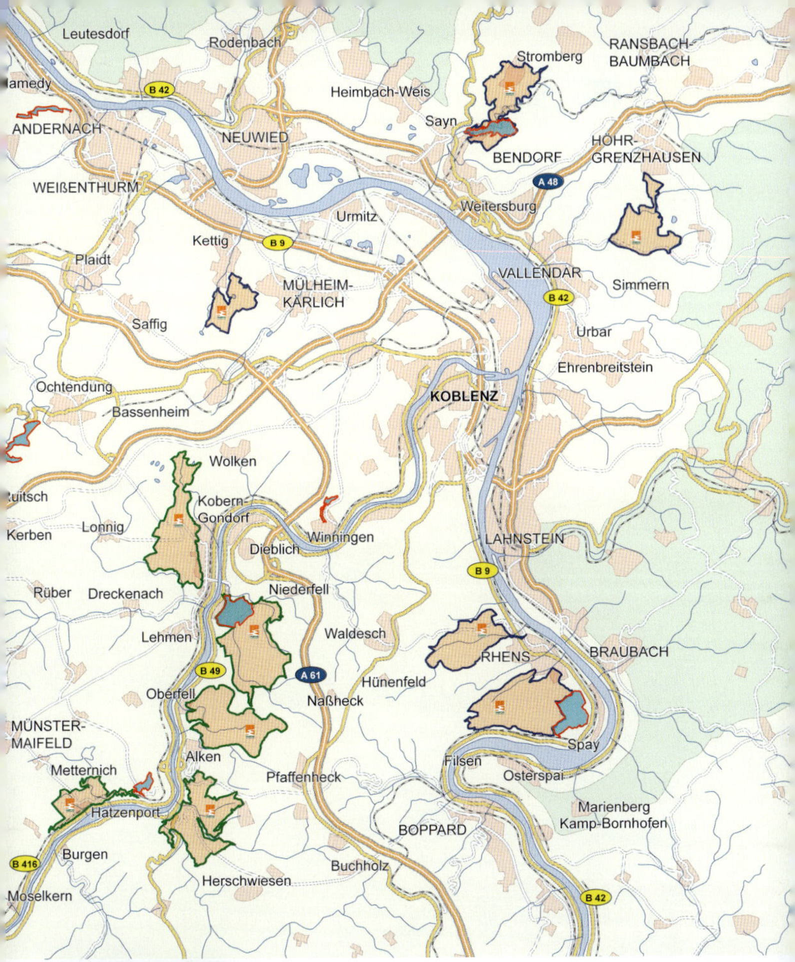

Rhein Mosel ①

Streuobstwiesenweg
Wolfsdelle
Waldschluchtenweg
Höhlen- und
Schluchtensteig Kell
Kleiner Stern

Rheingoldbogen

Spayer BlickinsTal
Saynsteig
Sayner Aussichten
Pyrmonter Felsensteig
Paradisweg Polch
Hatzenporter Laysteig
Löfer Rabenlaypfad
Eltzer Burgpanorama

Bleidenberger Ausblicke
Schwalberstieg
Niederfeller Schweiz
Koberner Burgpfad
Moseltraum
Nette Romantikpfad
Bergschluchtenpfad
Ehrenburg

Traumpfade
traum pfädchen

Eifel
TRAUMPFADE
Rhein-Mosel-Eifel-Land
traumpfädchen
Rhein-Mosel-Eifel-Land

Wandern im Krater

- **Start/Ziel:** Parkplatz an der Hochsimmerhalle in Ettringen

- **Tourist-Info**
  Vordereifel, Kelberger Str. 26,
  56727 Mayen ✆ 02651/800995
  ⓘ www.naturerlebnis-vordereifel.de

- **Taxi:**
- Josef Schäfer ✆ 02651/43115

- **Anfahrt:** Über die B 262 nach Mayen und weiter auf der B 258 nach Hausen. Dort auf die K 20 und der Straße bis zum Ortsrand von Ettringen folgen.

scan to go
QR-Code mit der App „traumtouren" einscannen und Route anzeigen lassen.

- **Parkplatz in Ettringen:**
- Hochsimmerhalle
  N50° 21' 21.9'' • E7° 13' 52.0''

- **Wegpunkte:**
  P1: Hochsimmerhalle Ettringen
  32 U 374167 5579716
  P2: Gipfel Ettringer Bellberg
  32 U 373946 5579024
  P3: Kraterwall
  32 U 374582 5578884
  P4: Beginn Abstieg
  32 U 374582 5579157
  P5: Querung der K 20
  32 U 374622 5579661
  P6: Kottenheimer Winfeld
  32 U 374834 5579810
  P7: Rastplatz im Wald
  32 U 37533 5579730
  P8: Hartborn Brunnen
  32 U 374873 5579991

GPS-Koordinaten nach UTM

6.7	2h	261	424	515 604	
km					TPX3T17

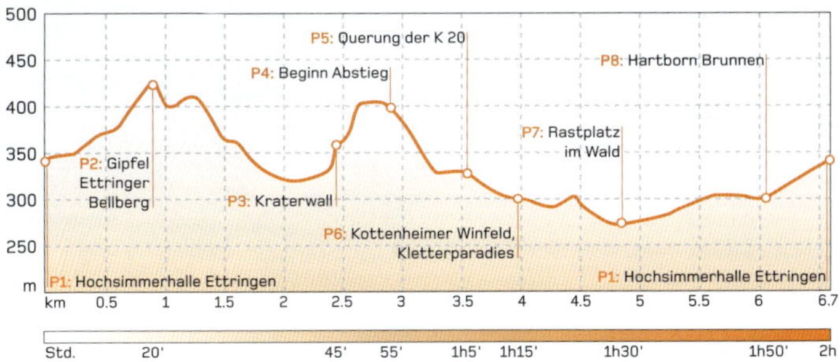

Willkommen in Hephaistos* Schmiede: Der Vulkanpfad bei Ettringen macht seinem Namen alle Ehre. Die Ersteigung und Passage des Kraterwalls am Ettringer Bellberg vermittelt Vulkanismus hautnah. Spektakulär und abenteuerlich ist aber auch die Wanderung durch das Kottenheimer Winfeld, wo riesige Basaltsäulen und Felsen nicht nur Kletterer begeistern.

Schon beim Start an der Hochsimmerhalle am Rand von Ettringen (1) werden wir mit dem Thema des Weges konfrontiert: Eine Lore mit Basaltbrocken an der Halle und auf der anderen Straßenseite das Gelände des riesigen Steinbruchs geben deutliche Hinweise auf den einst heißen Untergrund.

Wir wenden uns von der Hochsimmerhalle zunächst nach rechts entlang der K 20, biegen aber bald nach links In der Wiesen und nach 50 m erneut links Am Layenpfad ab. Durch das ruhige, kaum frequentierte Wohngebiet wandern wir stetig bergan und orientieren uns an den Wegweisern des Vulkanpfades sowie den Hinweisen auf den Bellberg. So gelangen wir nach einigen Richtungswechseln mit Am Bellerberg zum Ortsende, wo ein Feldweg beginnt. Allerdings laufen wir nur wenige Meter auf diesem Feldweg, denn bei erster Gelegenheit zweigen wir links auf einen steil ansteigenden Wiesenpfad ab. Dieser bringt uns stramm auf der Flanke des Berges zum Gipfel. Nach **900 m** stehen wir etwas atemlos, aber von der Aussicht restlos in den Bann geschlagen, auf dem Ettringer Bellberg (2). Tief unter uns gähnt das Loch des riesigen Tagebaus, gegenüber sehen wir den steil aufragenden Kraterrand, den wir später erklimmen werden. Vor allem aber genießen wir den Panoramablick, der sich uns in alle Richtungen eröffnet und von dem wir uns nur sehr schwer losreißen können. Auf großartigem Kammpfad dürfen wir dann unsere Wanderung fortsetzen, dabei den Blick nach Mayen und zur Ettringer

Lay schweifen lassen und uns an der unmittelbaren, vielfältigen und unter Naturschutz stehenden Flora erfreuen. Viel zu schnell liegt dieser atemberaubend schöne Abschnitt hinter uns, doch der Vulkanpfad hält noch viele, ebenso spektakuläre Höhepunkte für uns bereit. Zunächst erwartet uns nach dem Eintauchen in die dichten Hecken und niedrigen Bäume ein steiler, Trittsicherheit erfordernder, Abstieg auf neu hergerichtetem Treppenpfad. Hier sind festes Schuhwerk und Wanderstöcke mehr als hilfreich. Doch nach **1.5 km** ist der Abstieg in den ehemaligen Krater beendet, und wir dürfen dem Waldweg nach links ins freie Feld folgen. Dort angelangt, macht der Weg eine scharfe Kehre nach rechts abwärts, wieder geht es durch dichtes Buschwerk, bis wir erneut auf offenes Feld hinaustreten können.

Wir biegen vom Feldweg nach links und wandern nun mit einigen Schlenkern zwischen Feld und Wald weiter. Nach **2.4 km** biegen wir dann endgültig links in den Wald ab. Nun beginnt der erneute Aufstieg zum Kraterrand. Erst gemächlich, dann auf einem reich mit Informationstafeln bestückten Treppenpfad erklimmen wir die Flanke des ehemaligen Vulkans. Schließlich stehen wir vor dem senkrecht aufragenden Kraterwall und sind hingerissen: Lianen gleich hängen Efeuranken herab und geben der Szenerie eine verwunschene Atmosphäre. Während der „Siewe Stuwe Weg" nach rechts verläuft, halten wir uns an den Vulkanpfad und biegen nach links ab. Mehrere Höhlen oder Stollen sind in den Kraterwall **(3)** gegraben, ohne Taschenlampe sieht es duster aus. Doch unser Pfad führt uns nicht in die Unterwelt, sondern folgt dem Wall außen herum. Am Ende gibt es einen scharfen Knick nach rechts, und die Krabbelei bergan beginnt erneut. Doch nur noch wenige Höhenmeter trennen uns von einem schönen Rastplatz mit sagenhaftem Premiumausblick!

Anschließend überwinden wir die letzte Steigung zum Kraterrand, von dem aus wir wie aus der Vogelperspektive in den Steinbruch unter uns spähen können. Doch aufgepasst: Die Zäune am Rand der Hangkante dienen der eigenen Sicherheit und sollten keinesfalls ignoriert werden! Nach einem letzten Blick in den

Durch hohes Gras auf den Ettringer Bellberg.

eindrucksvollen Kraterschlund (4) wenden wir uns nach **3.3 km** rechts mit einem steilen Pfad abwärts. Wieder beeindruckt uns der äußere Kraterwall, als wir auf dem „Siewe Stuwe Weg" an Höhe verlieren. Schließlich endet der Pfad und ein breiter Weg führt uns zur K 20, die wir am Wanderparkplatz Kottenheimer Winfeld queren (5).

Direkt neben der Ruine eines alten Gebäudes taucht der Vulkanpfad in den lichten, von Birken dominierten Wald. Schon knapp 150 m nach der Straße, bei **Kilometer 3.7**, biegen wir an zwei markanten Basaltbrocken links auf einen schmalen Weg ab. Nun beginnt das Abenteuer! Urplötzlich eröffnet sich vor uns ein Labyrinth aus Basaltfelsen. Wir wandern mitten durch das weitläufige Lavafeld bei Kottenheim (6) und kommen aus dem Staunen kaum mehr heraus. Mächtige Basaltsäulen bilden ganze Wände, dann ziehen wieder einzelne Felsgruppen unsere Aufmerksamkeit auf sich. Viele Felsen sind unauffällig markiert, denn hier befinden wir uns zugleich in einem Kletterparadies. Allerdings sollte man den Felsen nur mit der richtigen Ausrüstung und ausreichend Erfahrung zu Leibe rücken, Leichtsinn endet schnell tödlich!

Das orange Traumpfad-Logo führt uns sicher durch das Felsenwirrwarr, Tafeln erklären interessante Details von der Geologie bis zur Mühlsteingewinnung. Zahlreiche Richtungswechsel sind zu überwinden, doch stets leitet das Logo zuverlässig. Schließlich treffen wir nach **4.5 km**

Am Kottenheimer Büden.

auf einen breiten Wanderweg. Hier wenden wir uns nach rechts und laufen abwärts zu einer weiteren Wegkreuzung. Wir bleiben dem breiten Waldweg treu und wandern mit einer Kehre nach links. Wir verlieren weiter an Höhe, ignorieren zwei querende Wege und biegen erst nach **4.8 km** links auf einen weichen Waldpfad ab. Dieser bringt uns wenig später zu einer Felsgruppe nebst Rastplatz mitten im Wald (7). Nun geht es kurz auf dem breiten Waldweg nach rechts, dann dürfen wir bereits wieder links auf einem Pfad weiterlaufen. Hochgewachsene Buchen umgeben uns, und der prächtige Mischwald fügt den bisher erlebten Landschaftsformen eine weitere hinzu. Nach **6 km** verlassen wir den Wald, schwenken nach rechts und queren den nahen Talgrund. Auf der anderen Seite erwartet uns am Hartborn Brunnen kühles Nass (8).

Anschließend folgen wir dem Waldweg nach links, gewinnen langsam an Höhe und erreichen nach weiteren 500 m erneut den Waldrand. Über uns sehen wir bereits die Hochsimmerhalle. Wir müssen lediglich noch einen Schlenker nach links machen und so die letzten Höhenmeter bewältigen, dann endet diese großartige Vulkantour, für die man sich in jedem Fall ausreichend Zeit nehmen sollte, nach **6.7 km** wieder am Ausgangspunkt (1).

**Hephaistos ist in der griechischen Mythologie der Gott des Feuers und der Schmiede.*

Im Kottenheimer Winfeld.

1 b Mendinger RömerReich

Salve, Mandius!

Start/Ziel: Zum Wingert, Obermendig ▶ Mit dem PKW ca. 9 km vom Startpunkt Traumpfad Vulkanpfad entfernt

Anfahrt: A 61 bis Mendig, B 262 zur Ortsmitte, weiter Richtung Bell. Am Kreisel links in die Hauptstraße, zum südlichen Ortsrand. Parkplatz liegt etwas außerhalb.

Taxi: Taxi Bell, ✆ 02652/935935

scan to go
QR-Code mit der App „traumtouren" einscannen und Route anzeigen lassen.

Parken: Parkplatz Schützenhaus
(Ab Parkplatz Schützenhaus 750m Zuweg (einfach) zum Start bei P1.)
N50° 22′ 04.1″ • E7° 15′ 10.1″
Parkplatz Zum Wingert
N50° 22′ 07.6″ • E7° 14′ 45.4″

Wegpunkte:
P1 Parkplatz Zum Wingert
32 U 375260 5581104
P2 Moosdachhütte
32 U 374716 5581049
P3 Segbachtal
32 U 373971 558044
P4 Villenblick
32 U 374828 5580555

3.5 km | 1h 15min | 114 | 361 | 201 234 | PSW1X7X8

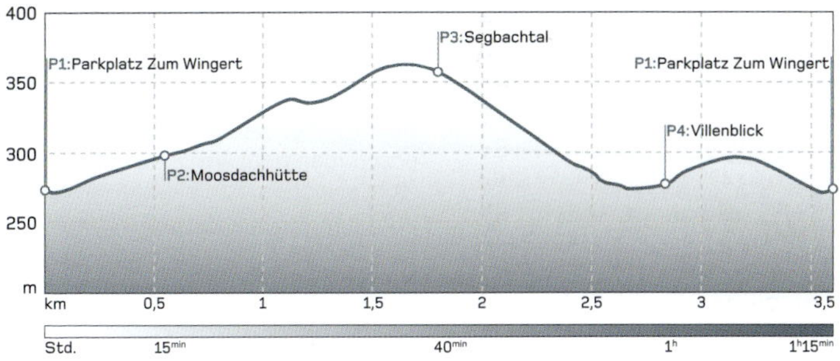

Salve! Gleich zu Beginn begrüßt uns Legionär Mandius und nimmt uns mit auf eine römische Zeitreise. Doch wir besuchen nicht nur spannende Erlebnisstationen, sondern genießen auch herrlichen Wald, das urige Segbachtal und tolle Weitblicke.

Am Startparkplatz „Zum Wingert" bei P1 gibt es nur wenige Plätze. Daher besser am Schützennhaus parken und von dort der gelben Zuwegungsmarkierung 750m bis zum Portal bei P1 folgen.

Gleich am Parkplatz „Zum Wingert" (1) etwas außerhalb von Obermendig nimmt uns Legionär Mandius unter seine Fittiche. Er wird uns entlang der Strecke an mehreren Erlebnisstationen Einblicke in das römische Leben gewähren und ermöglichen, dass vor unseren Augen Römervilla und Kornspeicher wieder auferstehen.

Doch zunächst laufen wir entlang der Straße zum nahen Tripelpunkt der Runde und wenden uns dort rechts. Sanft gewinnen wir an Höhe und werden dabei von wogenden Feldern begleitet. Kurz nachdem wir den Wald betreten haben, lädt uns die Moosdachhütte (2) zur entspannten Pause im Grünen ein.

Was folgt ist Premiumwandern pur. Ein vielfältiger und sehr attraktiver Wald gestaltet den steten aber gemächlichen Anstieg sehr kurzweilig, majestätische Buchen, duftende Kiefern und leuchtende Ginster sorgen für Hochstimmung.

An einer Weggabelung halten wir uns links und erreichen kurz darauf das Segbachtal (3).

Mit scharfem Linksknick schwenken wir in das Tal und folgen dem kleine Bächlein durch urwüchsige und herrlich ruhige Natur abwärts.

Schließlich verlassen wir an einer markanten Eiche den Wald und wenden uns am Wiesenrand links. Nun wandern wir entlang eines Gehölzes und haben dabei den Wiesengrund und bald auch eine beeindruckende Gruppe riesiger Weiden und Eichen bestens im Blick. Bald stoßen wir auf einen befestigten Querweg und schwenken nach links.

Kurz darauf passieren wir den Villenblick (4), an dem Mandius auf eine ehemalige Villa Rustica aufmerksam macht. Unser Weg steigt sanft an und als wir eine Kuppe überschreiten, sind wir begeistert von der grandiosen Panoramaaussicht, die sich vor uns ausbreitet.

Beschwingt wandern wir weiter und folgen dem weiterhin aussichtsreichen, nun asphaltierten, Weg gemächlich bergab zurück zum Parkplatz (1), wo diese außergewöhnliche Zeitreise nach **3.5 km** viel zu schnell endet.

Abtei Maria Laach.

Restaurant Seehotel Maria Laach, Am Laacher See 1, 56653 Maria Laach, ✆ 02652/584500

■ Ristorante - Pizzeria La Quercia Bahnhofstr. 23, 56736 Kottenheim ✆ 02651 - 4919489 ⓘ www.pizzeria-laquercia.de

■ Max & Moritz, Hauptstraße 15, 56729 Ettringen ✆ 02651/4082023 ⓘ www.maxundmoritzettringen.de

Parkhotel am Schloß, Im Nettetal, 56729 Ettringen ✆ 02651/49400

■ Gästehaus Am Hochsimmer, Alte Schule 4, 56729 Ettringen ⓘ www.gaestehaus-am-hochsimmer.de ✆ 02651/9093588

■ Rotes Bienenhaus und Basalt Loft, Winnfeld Rampe 5, 56736 Kottenheim ✆ 0151/22990303 ⓘ www.basalt-loft.de und ⓘ www.rotes-bienenhaus.de

■ Hotel Garni Laacher-Lay, Bahnstr. 66 56743 Mendig ✆ 02652/93647001 ⓘ www.hotel-laacherlay.de

Info: ⓘ www.vrm.info

Traumpfad: Mayener Str. (Ettringen)

■ Mo-Fr: Bus 320 (Mayen-Mendig)

■ Sa & So; Buslinie 320 als Anruf-Linien-taxi (✆ 02651/2444, mind. 1 h vorher)

Traumpfädchen: Im Brühl (Obermendig)

■ Mo-Sa: Buslinie 320 (Mayen-Mendig)

■ täglich Buslinie 335 (Mayen-Neuwied)

In der Nähe liegt das berühmte Kloster Maria Laach. Neben der mächtigen Basilika aus dem 11. Jahrhundert lohnt ein Besuch der Klostergärtnerei, die noch heute von Mönchen der Abtei betrieben wird. Wer sich die Beine vertreten will, kann den Laacher See umrunden. ⓘ www.maria-laach.de

2 Wacholderweg

Immer der Nase nach

- **Start/Ziel:** Parkplatz an der Wacholderhütte in Langscheid

- **Tourist-Info**
  Vordereifel, Kelberger Str. 26, 56727 Mayen ✆ 02651/800995
  www.naturerlebnis-vordereifel.de

- **Taxi:**
- Taxi-Scherer ✆ 02691/2448 (ca. 30 Min. Anfahrt, bis zu 8 Pers.)

- **Anfahrt:** B 412 bis Abzweig L 10 Richtung Arft. Mit der L 10 und der K 14 nach Lang scheid. Beschilderung Wacholderhütte

scan to go
QR-Code mit der App „traumtouren" einscannen und Route anzeigen lassen.

- **Parkplatz in Langscheid:**
- Neuer Weg 16 (Wacholderhütte)
  N50° 22' 58.0'' • E7° 06' 30.2''

- **Wegpunkte:**

P1: Wacholderhütte Langscheid
32 U 365544 5582890

P2: Wabelsberg
32 U 365086 5582787

P3: Rastplatz am Wacholderweg
32 U 364554 5583310

P4: Rastplatz Büschberg
32 U 364174 5583432

P5: Verbindung zum Bergheidenweg
32 U 363445 5583748

P6: Weggabelung am Bach
32 U 363535 5583992

P7: Nettetal
32 U 364406 5584253

P8: Kehre im Wald
32 U 364768 5584122

GPS-Koordinaten nach UTM

8.7 km	2h 40min	271 ↑↓	582	640 751	TPX2T18

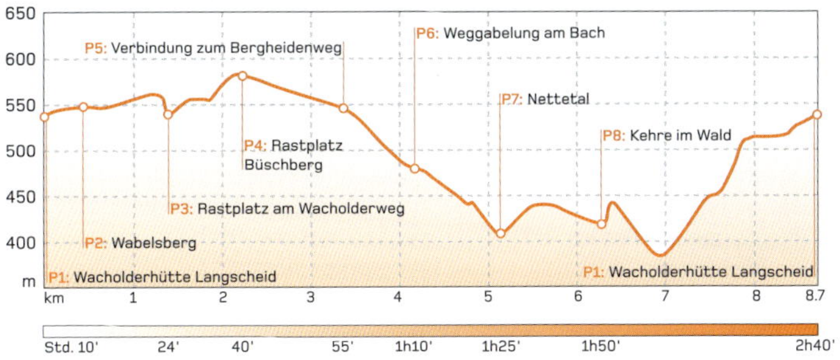

Der Wacholderweg verspricht uns eine abwechslungsreiche Tour durch offene Heide und dichten Wald. Hautnah erleben wir heute die Bandbreite der Eifeler Landschaft. Urwüchsige Natur, sagenhaft schöne Ausblicke, stille verwunschene Täler und Waldpassagen, die auf angenehmen Wegen erkundet werden: Wanderer, was willst du mehr?

Wir starten an der Wacholderhütte am Ortsrand von Langscheid (1), wo auch das Traumpfädchen Langscheider Wacholderblick beginnt, das immer wieder ein Stück parallel verläuft. Landschaftlich ist die Tour zweigeteilt: Jeweils etwa die Hälfte der Strecke führt über offene Heideflächen und durch herrlichen Mischwald. Wir entscheiden uns zuerst für die Heide und wenden uns daher an der Kreuzung vor der Wacholderhütte nach Südwesten.

Sanft führt uns der Naturweg einige Meter aufwärts, wo bereits nach 150 m eine Bank nebst Infotafel zum Verweilen animiert. Die Tafel gibt Einblick in das Renaturierungsprojekt der Wacholderheide. Von der Bank genießen wir einen tollen Blick über Langscheid nach Langenfeld. Diese Panoramasicht begleitet uns auch die nächsten 400 m, wobei wir dem Wiesenweg am Rand des Naturschutzgebietes Wabelsberg (2) folgen.

Nach **0.5 km** mündet unser Weg auf einen Teerweg, dem wir uns nach rechts zuwenden. Neue Ausblicke Richtung Norden eröffnen sich. Die Teerpassage ist nur kurz, denn an einer Sitzgruppe dürfen wir links auf einen Wiesenweg abbiegen.

Auf dem Büschberg.

Dieser leitet uns am Waldrand entlang und gibt wieder ausgiebig Gelegenheit, den Blick in die Ferne schweifen zu lassen.

An einer Wiese schwenken wir nach rechts und laufen abwärts zum querenden Teerweg. Ein großer steinerner Wegweiser gibt die Richtung vor, eine weitere Sitzgruppe (3) bietet sich zur Pause an. Auch diesmal ist die Teerstrecke nur sehr kurz. Wir wandern 100 m nach links, dann biegen wir nach rechts. Auf dem höhenparallelen Weg erreichen wir schnell wieder

Natürliche Beweidung durch Schafe.

die grandiose Wacholderheide! Mannshohe Wacholder, dichte Hecken, zarte Gräser und leuchtende Blumenvielfalt erfreuen uns nicht nur im Sommer. Dazwischen ragen windschiefe Kiefern oder uralte Eichen auf, die der Szenerie einen urwüchsigen Charakter verleihen. Natur pur! Gemächlich erklimmen wir mit einem Schlenker den Büschberg nach **2.3 km**, wo uns ein schön gestalteter Rastplatz **(4)** mit Bänken und Feuerstelle zur Rast einlädt. Eine tolle Aussicht auf Arft rundet den Logenplatz ab.

Vom höchsten Punkt der Rundtour geht es nun sanft abwärts, die Aussicht ist sagenhaft, und die umgebende Heidevegetation begeistert uns. Nach **2.7 km** treffen wir an einer großen Doppelkreuzung ein. Zunächst schwenken wir auf den Teerweg nach rechts, um uns dann auf geschottertem Grund direkt an einem Kreuz erneut nach rechts zu wenden. Der breite Weg führt mitten über eine große Wiese, die im Winter zum Rodeln animiert. Noch einmal genießen wir die offene Heidelandschaft, dann beginnt der zweite, vom Wald geprägte Teil der Wanderung.

Unser Weg führt gemächlich abwärts in den Mischwald. Nach **3.3 km** passieren wir den nach links abbiegenden Verbindungsweg zum

benachbarten Bergheidenweg (5). In großen Serpentinen wandern wir auf dem Forstweg tiefer in den Wald und verlieren kontinuierlich an Höhe. Nach **4.2 km** gelangen wir an einen Taleinschnitt, an dem sich unser Weg gabelt (6). Wir entscheiden uns für den romantischen Naturweg und laufen kurz nach rechts, um sofort nach Querung des noch kaum erkennbaren Bachs wieder links abzubiegen. Der umwucherte Waldweg führt uns durch den urwüchsigen Auenwald oberhalb des Bachs. Da wir uns auf einem Quellhorizont bewegen, gilt es ab und an auch feuchte Wegstellen zu bewältigen. Nach **5.1 km** treffen wir im Nettetal (7) ein. Hier kann man links der Zufahrt zu den Netterhöfen folgen, um auf den Bergheidenweg zu gelangen. Wir wollen aber unsere Rundtour auf dem Wacholderweg fortsetzen und halten uns daher rechts auf dem ansteigenden Forstweg.

Bald öffnet sich der hochgewachsene Mischwald, und wir können über eine große Waldwiese die Sicht auf das Nettetal genießen. Am Ende der Wiese biegen wir dann scharf links auf einen weichen Grasweg ab, der uns zunächst am Rand eines

Wunderbar wandern am Wabelsberg.

Tannenwäldchens leicht abwärts führt. Dann befinden wir uns wieder komplett im Wald und nähern uns einem Taleinschnitt, den wir mit scharfer Linkskehre umrunden (8). Direkt danach heißt es aufpassen: Denn hier verlassen wir den breiten Waldweg und erklimmen auf schmalem Pfad den mit hohen Buchen bestandenen Hang.

Nach dieser Flankenpassage treffen wir auf einen schönen Waldweg, dem wir nach links leicht abwärts folgen. So berühren wir nach **7 km** noch einmal fast den Grund des Nettetals. Durch das üppige Grün hören wir das Rauschen des Flüsschens und erhaschen kurze Blicke auf das Nass. An der folgenden Weggabelung halten wir uns rechts und nehmen den Endaufstieg zum Wabelsberg in Angriff. Einige Richtungswechsel meistern wir genauso wie die gemächliche Steigung problemlos. An einem Holzlagerplatz biegen wir schließlich ein letztes Mal scharf links ab. Wenig später lichtet sich der Wald, und vor uns öffnet sich das Panorama Richtung Langscheid und Langenfeld. Nach **8.7 km** treffen wir voller neuer Eindrücke wieder am Parkplatz an der Wacholderhütte ein (1).

2 b Langscheider Wacholderblick

Start/Ziel: Parkplatz Wacholderhütte Langscheid

Anfahrt: B 412 bis Abzweig L 10 Richtung Arft. L 10 und K 14 nach Langscheid. Dort der Beschilderung zur Wacholderhütte folgen.

Taxi: Taxi-Scherer 02691/2448, (30 Min. Anfahrt, bis zu 8 Pers.)

Parken: Langscheid, Neuer Weg 16 (Wacholderhütte)
N50° 22' 58.0'' • E7° 06' 30.2''

Wegpunkte:
P1 Parkplatz Wacholderhütte
32 U 365563 5582896
P2 Wacholderhütte Langscheid
32 U 365544 5582890
P3 Aussicht am Wacholderpfad
32 U 365478 5583018
P4 Sinnesbank & Panoramablick
32 U 364776 5583130

scan to go®

QR-Code mit der App „traumtouren" einscannen und Route anzeigen lassen.

3.2 km	1h 15min	61	559	227	267	TPP05X06

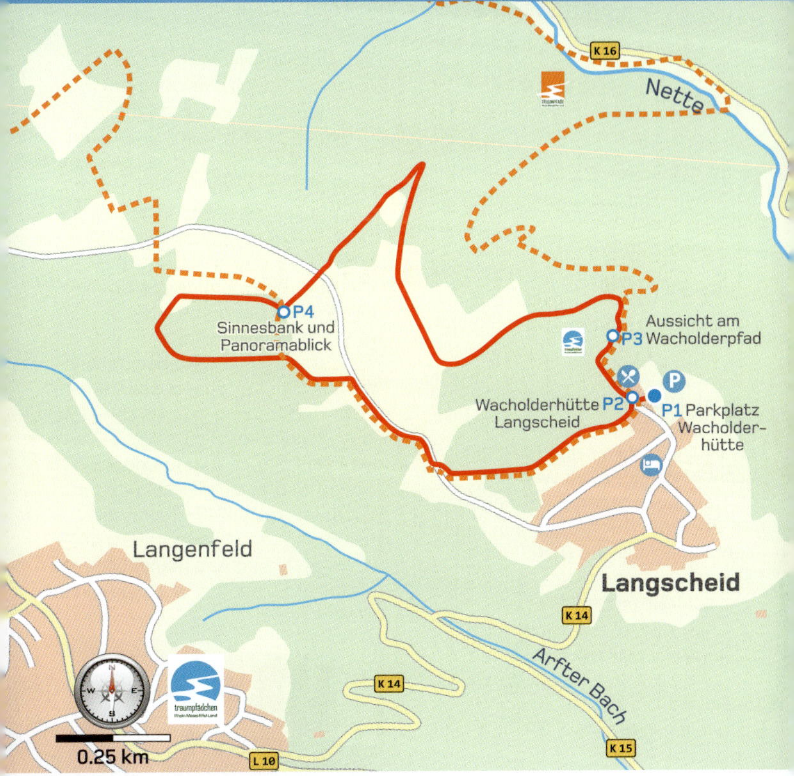

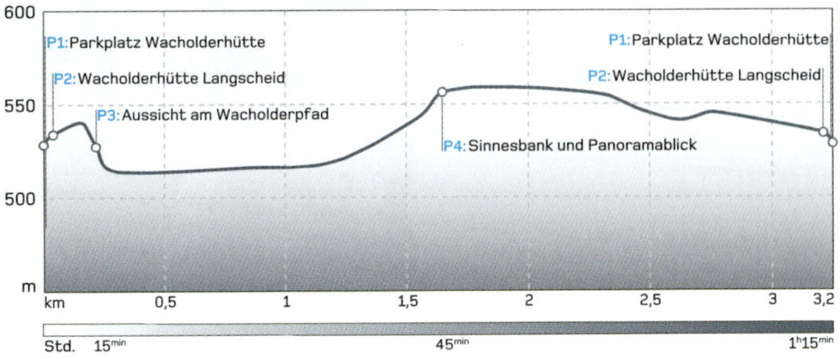

Traumzeit in der Eifel! Rund um die Wacholderhütte Langscheid laden Wacholder, Heide und herrliche Fernsichten zum entspannenden Kurzurlaub ein.

Wir beginnen am Parkplatz (1) der Wacholderhütte Langscheid und gelangen über einen kurzen Stichpfad zum Portal (2) neben der einladenden Wacholderhütte. Um v.a. die tollen Ausblicke optimal genießen zu können, ist es sinnvoll die Runde gegen den Uhrzeigersinn zu laufen. Daher wenden wir uns auf dem breiten Weg sanft bergan, passieren die Hütte und atmen tief die würzige Luft der Wacholderheiden am Wabelsberg ein. Bald bekommen wir Gelegenheit auch auf Tuchfühlung mit den stacheligen, streng geschützten Pflanzen zu gehen, denn am Waldrand schickt uns ein Wegweiser auf engem Pfad mitten durchs duftende Grün. Eine Schutzhütte und eine Bank laden zum Verweilen ein, während sich ein erster Durchblick ins Nettetal (3) öffnet.

Nach kurzem Abstieg wechseln wir links auf einen bequemen Waldweg und erreichen wenig später offene Flur. Wir wandern durch die von Wiesen geprägte Natur und erobern ohne große Anstrengung eine kleine Anhöhe. Dort wartet bereits eine geschwungene Sinnesbank (4) auf uns und wir halten weit Ausschau, lassen den Blick umherschweifen und spüren, wie die sanft gewellte Landschaft der Vulkaneifel ihre beruhigende Wirkung entfaltet.

Hier könnten wir ewig verweilen! Mühsam rappeln wir uns dennoch auf und wandern (teils in Begleitung des Traumpfades) am Waldrand entlang und haben dabei die Wiesen und Wacholderheiden bestens im Blick. Dann folgt eine kurze Waldpassage, die uns zur Westflanke des Wabelsberges bringt. Noch einmal dürfen wir durch diese besondere Natur wandern, knorrige Kiefern und windzerzauste Wacholder passieren und das Knirschen des Sandes unter den Sohlen spüren. Dann schließt sich – viel zu schnell – der Kreis dieser Runde und wir stehen wieder am Portal bei der Wacholderhütte (2). Bevor wir zum Parkplatz (1) zurückkehren, bietet sich zum Abschluss unseres Kurzurlaubs noch eine entspannte Einkehr an.

Rast im Heidewald

Kurzer Aufstieg.

Ein Hauch Weihnachten.

Wandern für die Sinne.

INFOS

Am Start- und Zielpunkt kann man in der Wabelsberger Wacholderhütte einkehren: 02655/1577
www.wacholderhuette.de

Ferienhaus Marianne (5 Sterne)
Hellenweg 9, 56729 Langscheid
02655/3852, www.ferienwohnungen-haus-marianne.de
- Weitere Einkehr- und Übernachtungsmöglichkeiten unter www.naturerlebnis-vordereifel.de

Info: www.vrm.info
Traumpfad + Traumpfädchen:
Netterhöfe Abzweig (Hausten)
- Bus 820 (Mayen-Kempenich)

oder bis Dorfstr. (Arft) + Fußweg
- Bus 340 (Mayen - Arft)

Zwischen den Riedener Mühlen und dem eigentlichen Ort Rieden lädt der aufgestaute Waldsee zum Entspannen ein. Ob Spazierengehen, Schwimmen, Paddeln oder Surfen – Erholung ist garantiert. Riedener Waldsee, 56745 Rieden
www.rieden.de

Der geologischen Geschichte der Region spielerisch auf die Spur kommen – im Geo-Spiel-Garten in Kempenich-Engeln ist das kinderleicht. Nach dem Rundgang kann man sich in der Vulkan-Stube stärken. Der Geo-Spiel-Garten liegt übrigens an der Endstation des Vulkan-Express, kann also auch mit der Brohltal-Bahn erreicht werden. Weitere Infos: www.brohltal.de

3 Nette-Schieferpfad

Naturbühne Nettetal

- **Start/Ziel:** Nettebrücke Trimbs

- **Tourist-Info**
  Touristik-Information Maifeld
  Münsterplatz 6, 56294 Münstermaifeld
  ✆ 02605/9615026 Ⓘ www.maifeldurlaub.de

- **Taxi:**
- Loch ✆ 02625/958030

- **Anfahrt:** Über die A 48 (Abfahrt Polch) und die L 113 gelangt man nach Trimbs.

- **Parkplätze:**
- Hauptsraße 31, Trimbs
  N50° 19' 29.9'' • E7° 18' 02.7''
- Welling, Dorfplatz
  N50° 19' 48.9'' • E7° 19' 03.4''

scan to go
QR-Code mit der App „traumtouren" einscannen und Route anzeigen lassen.

- **Wegpunkte:**

P1: Nettebrücke Trimbs
32 U 378944 5575895

P2: Abzweig Direktroute
32 U 379271 5575912

P3: Vereinigung beider Routen
32 U 379394 5575830

P4: „Doppelaussicht"
32 U 379385 5575933

P5: Querung L 113
32 U 379221 5576637

P6: Schieferaufschluss
32 U 379917 5576326

P7: Steg über die Nette
32 U 377588 5576096

P8: Moselschiefer-Radweg
32 U 377252 5575180

P9: Aussicht auf Trimbs
32 U 378346 5575798

GPS-Koordinaten nach UTM

9.2 km	2h 45min	273 ↑ ↓	293	663 ♀ 778 ♂	TPX5T15

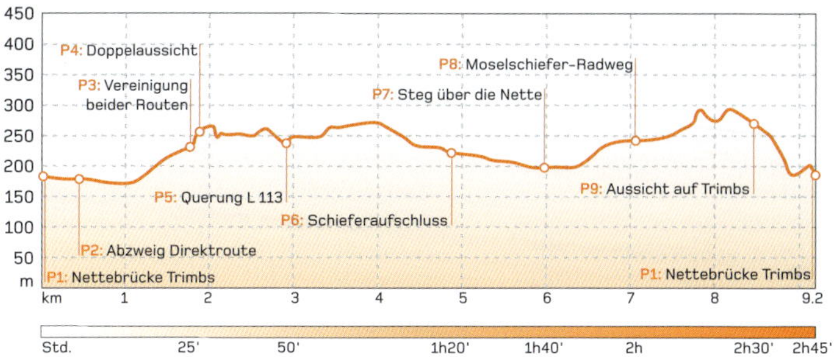

Quirlig und nass der eine, grau und hart der andere: Wasser und Fels sind die Hauptdarsteller der grandiosen Naturbühnen entlang des Nette-Schieferpfads, der Wanderer auf einer hochkarätigen Route durch die reizvolle Landschaft des Nettetals führt. Dieser Traumpfad kombiniert traumhaften Wandergenuss mit hautnahen Einblicken in eine spannende Erd- und Naturgeschichte.

Nach kurzem Zuweg entlang der Hauptsraße beginnen wir die Tour unter der Brücke der L113 direkt an der Nette (1). Wir laufen über die alte Steinbrücke, und schon ist die erste Attraktion erreicht: Rechts befinden sich drei markante, blaugrau schimmernde Schiefersteine. Sie sind kunstvoll graviert und erinnern an die Bedeutung des begehrten Moselschiefers, den die Firma Rathscheck Schiefer bis heute aus zwei hochmodernen Bergwerken ans Tageslicht befördert.

Nachdem wir uns so auf das Thema des Tages eingestimmt haben, biegen wir rechts in „Auf dem Reusch" ab und folgen der Nette zum Ortsrand. Dort öffnet sich eine weite Wiese, und der Weg gabelt sich. Wir wählen den linken Weg und laufen am Fuß des Hangs entlang. Nach **400 m** müssen wir uns entscheiden (2): Wer gute Kondition hat und trittsicher ist, der kann hier links auf den direkten Pfad zur Hangkante abbiegen (Diese Variante ist insgesamt 900 m kürzer und trifft bei P3 wieder auf die Hauptroute). Wer es etwas gemächlicher angehen möchte, der folgt weiter der Hauptroute auf dem Talweg. Idyllisch schlängelt er sich durch das Tal. Die Nette strömt mal rauschend, mal leise murmelnd neben uns, und wir erfreuen uns an der Vielfalt der Landschaft, die mal mit Hecken, mal mit einer Wiese und dann wieder mit Auenwald aufwartet. Nach **1.1 km** beginnt für uns der Aufstieg. Wir wenden uns mit einer Spitzkehre nach links und kehren der Nette den Rücken zu. Auf herrlich weichem Grasweg wandern wir bergan. In der nächsten Kehre bietet ein Rastplatz Gelegenheit zum Innehalten, anschließend setzen wir den Aufstieg kontinuierlich, aber nicht steil fort. Bei **Kilometer 1.5** biegen wir erneut mit einer Spitzkehre nach links aufwärts ab und schon 250 m später

Oben Fels und unten Wasser: Das Nettetal.

vereinigen sich die beiden Wegvarianten wieder (3). Hier dürfen wir den gemeinsamen Abzweig nach rechts auf felsigen Pfad hinauf zum „Gipfel" nicht verpassen.

Auf der folgenden Passage über Magerwiesen mit Steinnelken und bemooste, schroffe Felsklippen kommt Abenteuerflair auf. Gekrönt werden unsere Mühen nach **1.9 km** auf einem flachen Sattel: Eine Doppelaussicht (4) macht uns die Entscheidung schwer, welche Fernsicht die schönere ist: Zum einen liegt tief unter uns das Nettetal mit Trimbs. Zum anderen dürfen wir uns aber auch die grandiose Aussicht auf Welling mit der markanten Kirche und auf die Felsen im Nettetal nicht entgehen lassen. Tief beeindruckt von so viel Ausblick, folgen wir dem Traumpfad kurzweilig nordwärts. Zunächst werden wir links noch von üppigen und sehr dichten Hecken begleitet, bald erstreckt sich aber auch auf dieser Seite offenes Feld. Nach **2.5 km** stoßen wir auf einen querenden Feldweg und halten uns links. Vor uns öffnet sich eine neue, spannende Perspektive auf die sehr abwechslungsreiche Umgebung.
An der folgenden Weggabelung schwenken wir rechts auf den schmalen Erdweg zwischen Hecken und Feldrand. Wenig später ist erhöhte Aufmerksamkeit gefordert, denn hier biegt unser Pfad am Feldrand scharf nach links ab, um wenige Meter weiter wieder einen Rechtsbogen zu machen. Wir erreichen die L 113 am Rand des Neubaugebiets (5), queren die Straße und laufen am Rand der Felder aufwärts. Bald findet sich die Möglichkeit, links auf einen breiten Grasweg abzubiegen, der uns nun oberhalb der Neubauten entlangführt. Nach **3.4 km** mündet der Grasweg auf einen Feldweg. Wir wandern nach rechts weiter und bleiben dem Feldweg über einige Richtungsänderungen hinweg treu.

Unterwegs genießen wir die Weite der uns umgebenden Felder und lassen den Blick in die Ferne schweifen. Links sehen wir das ehemalige Moselschiefer-Bergwerk Margareta: Über einen einzigartigen Lkw-Tunnel in die Tiefe wurde dort eine der wertvollsten Schiefersorten der Welt ans Tageslicht geholt und zur Weiterbearbeitung an den Mayener Katzenberg gebracht.
Nahe einem kleinen Wäldchen biegen wir nach links und beginnen an Höhe zu verlieren. An einem unauffälligen kleinen Kreuz biegen wir rechts ab. Nur wenige Meter später kann

Weitblicke ...

... wie aus dem Bilderbuch.

man über einen Pfad links zum nur 20 m entfernten Aussichtsplateau (mit Rastbank) laufen. Zurück auf dem Traumpfad, frönen wir ganz dem Genuss des herrlichen Pfads. Sachte geht es dabei abwärts, immer wieder geben die Hecken den Blick ins Nettetal und zum Mosellaschacht frei.

Besonders traumhaft wird der Pfad nach **4.9 km**: Steil gestellte Schieferfelsen, deren feine Schichten auch dem Laien sofort auffallen, geben uns Einblick in die Erdgeschichte. Hier können wir im wahrsten Sinn des Wortes „begreifen", warum sich Schiefer so hervorragend spalten lässt und damit ein wichtiger und begehrter Naturrohstoff ist. Mitten in diesem Felsenparadies lädt eine Bank mit Blick auf den Nettehof zur Rast ein (6). Wenige Meter später zeugt ein alter Stollenmund von der traditionsreichen Bergbautätigkeit zur Gewinnung des wertvollen Dachschiefers im Raum Mayen. Nahe einem aufgelassenen Steinbruch treffen wir auf einen Querweg und laufen weiter geradeaus, bis wir auf einen asphaltierten Wirtschaftsweg zum Nettehof stoßen. Wir biegen scharf nach links auf den Asphaltweg und verlassen diesen 250 m später bei **Kilometer 5.5** mit einer Wendung nach rechts. Wieder auf einem Naturweg angelangt, umrunden wir das Areal des Angelvereins Hausen. Rechts erhebt sich über uns die kleine Siedlung rund um den Mosellaschacht. An einer Wegkreuzung laufen wir nach links und finden uns im Auenwald der Nette wieder. Wenige Meter später geht es dann per Steg (7) über die hier fast kanalartig gefasste Nette. Am anderen Ufer wandern wir direkt am Fluss nach rechts. Zwar befinden wir uns hier in der Hochwasserzone, dafür ermöglicht die ufernahe Wegführung aber das unmittelbare Erleben der Flusslandschaft.

Als unser Uferpfad auf einen Wanderweg trifft, geht es kurzweilig und ansteigend weiter. Durch das Laub können wir das Nettetal aus neuer Warte betrachten. Einen abwärts abzweigenden Pfad ignorieren wir und laufen weiter entlang der Hangflanke bergan. Wir folgen der Topografie der Hangflanke und lassen auch an der nächsten Weggabelung den rechts abbiegenden Pfad unbeachtet. Wenige Meter später treffen wir auf den asphaltierten Maifeld-Radwanderweg. Wer das Nettetal aus einer ungewohnten Perspektive betrachten möchte, kann hier einen Abstecher auf dem Radweg nach rechts einlegen: Nur 80 m entfernt, spannt sich das beeindruckende Viadukt „Hausen" über das enge Tal und bietet tolle Ein- und Ausblicke. Doch auch wer dem Traumpfad unmittelbar folgt, kommt sogleich in den Genuss eines besonderen Abenteuers: Wir stehen nämlich direkt vor dem mächtigen Portal des Tunnels „Hausen 2" (8). Der gut 250 m lange, beleuchtete Tunnel ist eine Rarität auf Wanderwegen – und entsprechend aufgekratzt kommen wir wieder ans Tageslicht. Dort erwartet uns sofort das nächste Viadukt mit tollem Blick nach Nordwesten, und gleich darauf stehen wir wieder vor einem Tunnelportal. Diesmal gehen wir aber nicht hinein, denn der Traumpfad biegt nach **7.4 km** unmittelbar vor dem Tunnel „Hausen 1" nach links auf einen Waldpfad ab. Wir wandern zu einem breiteren Weg, der zunächst eine Rechtskurve macht. Dann gabelt sich der Weg und wir laufen links steil im Wald bergan. Nach **7.8 km** haben wir die maximale Höhe der Tour überwunden, laufen steil abwärts und biegen am Waldrand rechts ab. Einen wenig später querenden Weg ignorieren wir und folgen immer weiter dem Waldrand.

Wir passieren nach **8.5 km** einen Aussichtsplatz (9), von dem aus wir weite Strecken der Wanderung im Blickfeld haben. Im weiteren Verlauf können wir noch einmal ausgiebig das Moselschiefer-Bergwerk Margareta betrachten. Doch bei aller Aussicht dürfen wir es nicht verpassen, 200 m später scharf links auf einen unscheinbaren Pfad in den Wald abzubiegen. Der Pfad bringt uns zum Teil recht steil (Trittsicherheit – vor allem bei Nässe sind Stöcke hilfreich!) wieder auf das Niveau der Nette. Wir halten uns an einem Abzweig geradeaus, biegen dann rechts in ein Nebental ab, das wir nur wenige Meter später neben einer Quelle queren. Noch ein letzter kurzer Aufstieg, dann haben wir die L 113 erreicht und laufen neben der Leitplanke abwärts. Nach **9.2 km** treffen wir am Ende der unglaublich abwechslungsreichen und sehr reizvollen Wanderung wieder am Startpunkt an der Nettebrücke in Trimbs (1) ein.

Mohnfeld auf der Höhe.

Unterwegs auf der ehemaligen Bahntrasse.

INFOS

Löffels Landhaus, Obertorstr. 42, 56294 Münstermaifeld ✆ 02605/ 953 773 ⓘ www.loeffelslandhaus.de
■ Kleine Bauernschmause, ⏲ Fr.-So. St. Georgenstr. 34, 56751 Polch ✆ 02654/ 6171 ⓘ www.bauernschmause.de
■ Weitere Einkehrmöglichkeiten unter: ⓘ www.maifeldurlaub.de

Hotel-Restaurant Zur Post, Mayener Str. 26, 56753 Welling
ⓘ www.catering-partyservice24.de
✆ 02654/6311
■ Weitere Unterkunftsmöglichkeiten unter: ⓘ www.maifeldurlaub.de

Info: ⓘ www.vrm.info
Haltestelle: Nettebrücke (Trimbs)
■ Bus 337 (Mayen-Hatzenport) oder **Haltestelle:** Straßburgerhof (Trimbs) + Fußweg zum Start
■ Bus 350 (Koblenz hbf. - Mayen)

Die Nette entspringt in Hohenleimbach und fließt durch die Vordereifel, das Maifeld und die Pellenz bis Weißenthurm, wo sie in den Rhein mündet. Der kleine Fluss ist Flusslandschaft des Jahres 2008/2009.

Zu den Erlebnisstationen des Vulkanparks gehört der Katzenberg vor den Toren Mayens. Zwar begegneten sich hier vor Zigtausend Jahren feurige Lava und der typische Eifel-Schiefer, aber auch in jüngerer Zeit ging es heiß her. Hier am Katzenberg errichteten die Römer etwa 300 n. Chr. nach Zerstörung des Limes zur Abwehr der rebellischen Germanen eine große Wehranlage. Heute kann man die zum Schutz der Grabungen errichtete Römer-Warte jederzeit besichtigen.
ⓘ www.vulkanpark.com

Wer glaubt, das Maifeld und die Vordereifel bestünden geologisch ausschließlich aus den Relikten der feuerspeienden Vulkane, der irrt gewaltig. Wirtschaftlich von großer Bedeutung sind bis heute die unterirdischen Schiefervorkommen bei Mayen. Die hervorragende Qualität des Moselschiefers machte das Naturprodukt weltweit zum begehrten Rohstoff für Hausdächer und Fassaden.

Doch was ist Schiefer? Vor etwa 400 Millionen Jahren entstand aus feinen Meeresablagerungen sogenannter Tonstein. Dieser verfestigte sich im Laufe der Jahrmillionen zu einem massiven Steinpaket. Infolge der Gebirgsbildung war der Tonstein dann hohen Drücken ausgesetzt und wurde so zu Schiefer umgewandelt. Je nachdem, welche geologischen Rahmenbedingungen geherrscht haben, entstand unterschiedlich gelagerter und unterschiedlich reiner Schiefer. Je weniger Einschlüsse ein Schiefervorkommen hat und je homogener die Schichtung und Schieferung, desto wertvoller ist das Vorkommen. Bis 2019 baute die Firma Rathschek den Moselschiefer bei Mayen im Bergwerk Katzenberg ab. Lohnenswert ist ein Besuch des Deutschen Schieferbergwerks unter der Genovevaburg mitten in Mayen. In einem Schieferstollen erfahren Besucher alles zum Schieferabbau gestern und heute und zur Firmengeschichte des europäischen Marktführers.

Mehr Infos unter: ⓘ www.schiefer.de

4 Booser Doppelmaartour

Spaziergang im Vulkan

- **Start/Ziel:** Parkplatz Schemel oder Vulkanpark Wanderparkplatz „Booser Doppelmaar"

- **Tourist-Info**
  Vordereifel, Kelberger Str. 26,
  56727 Mayen ✆ 02651/800995
  ⓘ www.naturregion-vordereifel.de

- **Taxi:**
  - Christa Bungard ✆ 02657/236 (8 Pers.)

- **Anfahrt:** Über die B 410 bis Boos. Weiter auf der L 94 zum Wanderparkplatz der Vulkanparkstation „Booser Doppelmaar".

scan to go

QR-Code mit der App „traumtouren" einscannen und Route anzeigen lassen.

- **Parkplatz in Boos:**
  - L 94 Vulkanparkstation
    N50° 18' 33.2'' • E7° 00' 02.1''
  - Parkplatz Booser Doppelmaar
    N50° 18' 36.8'' • E7° 00' 11.1''

- **Wegpunkte:**

P1: Park- und Rastplatz Schemel
32 U 357628 5574941

P2: Lavabombenaufschluss
32 U 358390 5575572

P3: Booser Eifelturm
32 U 358313 5575597

P4: Boosblick
32 U 358465 5575792

P5: Bank am Hölgertberg
32 U 359917 5576985

P6: Abzweig im Nitzbachtal
32 U 357728 5575976

P7: Querung L 94
32 U 357273 5575478

GPS-Koordinaten nach UTM

9.4	2h 45min	161	571	606 711	TPX7T13
km					

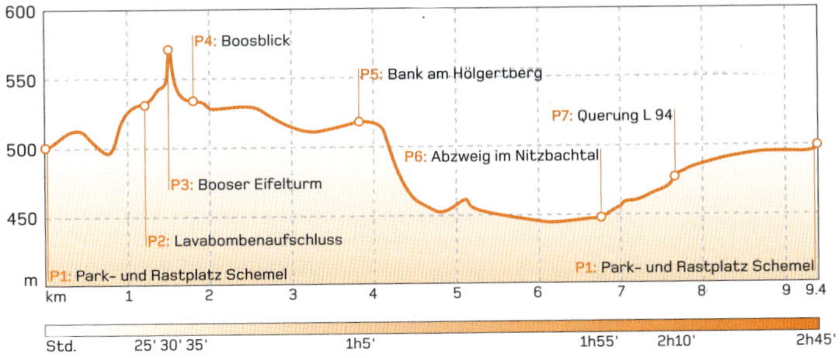

Unterwegs im Feuerland: Was heute so unscheinbar als Fischteich daherkommt, war vor 35 000 Jahren Schauplatz dramatischer Ereignisse. Heißes Magma feuerspeiender Vulkane traf auf große Mengen Wasser. Das endete in einer spektakulären Riesenexplosion. Das erste Maar war geboren. Die Doppelmaartour führt uns zu den Spuren der vulkanischen Vergangenheit der Region. Lavabomben und Doppelmaar sind am Ende der aussichtsreichen Tour keine Fremdwörter mehr.

Vom großen Wanderparkplatz „Booser Doppelmaar" führen uns Zuweglogos, aber auch das hiesige Traumpfädchen (das uns heute mehrfach kurze Strecken begleitet) zunächst am Waldrand entlang. Nach kurzem Abstieg durch das Wäldchen stehen wir nach 300m Zuweg am eigentlichen Portal des Traumpfades, am Parkplatz Schemel (1). Idyllisch liegt der Booser Fischteich im Westmaar im Tal. Am Horizont zeichnet sich die Silhouette der Nürburg ab, und wer genau hinschaut, wird auch die Tribüne des berühmten Nürburgrings ausmachen können. Doch uns zieht es heute zu den Spuren des Feuerlands, das die Eifel vor gut 35 000 Jahren gewesen ist. Von wegen Ruhe, Natur und Fischteich – damals ging es hier heiß her! Mehrere Vulkane spien Feuer und Asche, giftiger Rauch hing in der Luft, und Lavabomben sausten umher. Keine Gegend zum Wandern. Zum Glück ist das heute Vergangenheit, doch die Doppelmaartour ermöglicht uns, Spuren und Relikte der vulkanischen Aktivitäten zu erkennen. So brechen wir vom Parkplatz auf, geleitet vom markanten Logo, und folgen dem Wanderweg zunächst am Waldrand entlang. Schon nach 150 m erklären uns erste Info-Tafeln die Lage des Doppelmaars. Nach einer kurzen Passage durch den lichten Wald öffnet sich der Blick auf das weniger deutlich zu erkennende Ostmaar, weitere sechs aufwendig gestaltete Tafeln erläutern den Vulkanismus. Es gehört schon Fantasie dazu, sich angesichts der herrlichen Umgebung ein wahres Höllenszenario vorzustellen.

Doch uns bleibt nicht viel Zeit zum Grübeln, denn nach einer Bank ist zunächst einmal Kondition gefragt: Der Traumpfad biegt scharf rechts bergan ab, und wir müssen die steile Flanke des Schneebergs bezwingen. Oben angekommen, wenden wir uns nach links und passieren eine Schutzhütte. Am Waldrand entlang wandern wir nach Nordosten und genießen die schöne Aussicht nach Südosten. Hecken und Gebüsche begleiten uns, bis es nach einer Kurve bei **Kilometer 1.2** links zum

Lavabombenaufschluss abgeht. Der kurze Abstecher ist sehr lohnenswert, erkennt doch jeder Laie in der freiliegenden Felswand (2) horizontal abgelagerte Schichten, in die große Felsbrocken, die Lavabomben, hineingestürzt sind. Wir setzen die Tour fort und gelangen über einen kurzen Wiesenpfad zurück zum Hauptweg. Doch 200 m später ist bereits der nächste Abstecher angesagt: Der Booser Eifelturm lädt zum Erstürmen ein. Klar, dass wir es uns nicht entgehen lassen, den modernen Holzturm (3) zu erklimmen und von oben einen sensationell schönen Rundblick zu genießen! Danach klettern wir wieder nach unten und folgen dem Wanderweg nun über offenes Feld. An einer Bank (4) wird uns nach **1.8 km** ein weiterer phänomenaler Ausblick Richtung Boos präsentiert.

100 m später biegen wir links ab und steuern den gegenüberliegenden Wald an. Dort geht es auf weichem Waldweg an der ersten Kreuzung nach rechts mit leichtem Gefälle weiter. Wir frönen nun dem herrlichen Mischwald, in dem sich unweit einer markanten Wegkreuzung mit Bildstock und Bank auch Hügelgräber verbergen. Allerdings ist von denen fast nichts mehr zu erkennen, und so folgen wir dem nun breiten Waldweg Richtung Nordost. Nach **3.3 km** verlassen wir den Wald wieder, weite, offene Felder breiten sich vor uns aus. Wir queren diese freie Fläche bei gutem Blick in die Umgebung und nähern uns dem vor uns liegenden Wäldchen. Dort, am Rand des Hölgertbergs, treffen wir auf einen querenden Teerweg sowie auf eine Bank (5). Jetzt biegen wir links ab, wandern kurzzeitig auf dem Teerweg, bis dieser auf der nächsten Anhöhe in einen befestigten Forstweg übergeht. Hier verzweigt sich der Weg auch mehrfach, und wir müssen aufpassen, den Einstieg zum schmalen Pfad nach halb rechts nicht zu verpassen. Der Pfad läuft zunächst nur wenige Meter unterhalb und parallel zur breiten, geschotterten Forststraße. Erhöhte Aufmerksamkeit wegen Stolperfallen ist auf diesen ersten Metern angebracht. Allmählich wird die Entfernung größer, und der Pfad führt uns, nun auch wieder schön eingewachsen, talwärts.

Erdgeschichte live: Lavabombe.

Nach **4.8 km** befinden wir uns am Waldrand und laufen am Rand einer eingezäunten Weidewiese entlang. Der stoppelige Wiesenweg wird bald von einem etwas bequemeren Feldweg abgelöst, und so können wir unbeschwert den Ausblick auf das idyllische Nitzbachtal auskosten. Schließlich geht der Feldweg sogar in einen mit feinem, gut begehbaren Bimsschotter belegten Forstweg über, der uns direkt neben, aber etwa 50 m oberhalb des Nitzbachs entlangführt. Immer wieder erhaschen wir den Blick auf das plätschernde Nass des in Schlangenlinien verlaufenden Bachs. So gelangen wir nach **6.6 km** an den Waldrand und laufen auf einem Feldweg zu einer üppig grünen Wiese. 200 m später biegen wir mitten in der Wiese links in das sanft aufsteigende Nebental ab (6). Sehr abwechslungsreich geht es nun stetig bergan, Hecken, kleine Wäldchen und brachliegende Wiesen sorgen für immer neue Landschaftseindrücke. Nach kurzer Waldpassage stößt von links auch wieder die Kraterrundtour zu uns. Unterwegs gibt es Bänke und Erklärungstafeln, die Wissenswertes zur Region vermitteln. Auf der anderen Talseite sehen wir auch den Anfang unserer Tour, und hoch über dem Wald ragt der Eifelturm auf.

Nach **7.6 km** haben wir auf Höhe von zwei Tafeln zu heimischen Kröten die L 94 erreicht. Ein Wiesenweg führt uns zunächst noch 250 m parallel zur Straße bergan, bevor wir sie an übersichtlicher Stelle queren (7). Nun steht zum Abschluss der Tour noch die Umrundung des Westmaars an. Stets mit tollem Blick auf den See wandern wir durch Weiden und Wiesen, dann durch tollen Buchenwald um das Maar herum. Nach kurzem Schlenker um eine Pferdeweide queren wir auf Höhe des Parkplatzes Schemel (1) erneut die L 94 und beenden die Rundwanderung am Booser Doppelmaar nach ereignisreichen und kurzweiligen neun Kilometern.

Weitblick vom Booser Eifelturm.

Kleine Abenteuer am Nitzbach.

4b Eifelturmpfad Boos

Start/Ziel: Parkplatz Vulkanpark-Station Booser Doppelmaar an der L 94 bei Boos.

Anfahrt: B 410 nach Boos. Dann L94 bis zum Wanderparkplatz Booser Doppelmaar.

Taxi: Christa Bungert, ✆ 02657/236

scan to go

QR-Code mit der App „traumtouren" einscannen und Route anzeigen lassen.

Parken: Parkplatz Booser Doppelmaar
N50°18' 36.8'' • E7° 00' 11.1''

Wegpunkte:

P1 Parkplatz Booser Doppelmaar
32 U 357816 5575030

P2 Maarblick
32 U 357641 5575064

P3 Eifelturm
32 U 358313 5575597

P4 Abstecher Lavabombe
32 U 358399 5575688

P5 Boosblick
32 U 358465 5575792

P6 Ortsmitte
32 U 358838 5575412

4.1 km | $1^{h}\,30^{min}$ | 121 | 557 | 310 364 | TPP04X07

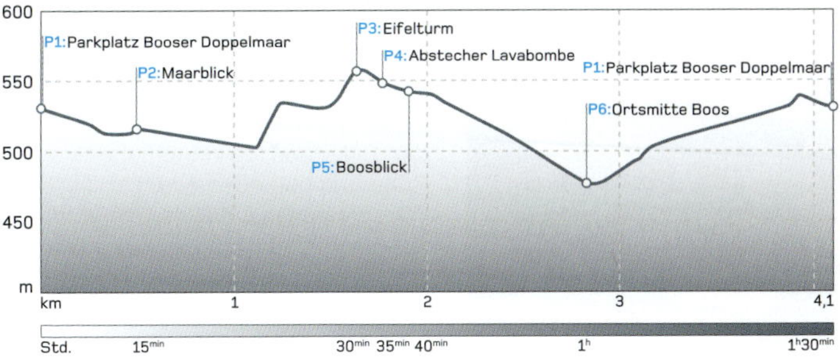

Rund um den Booser Eifelturm bekommen wir spannende Ein- und Ausblicke geboten. In herrlicher Natur erleben wir Geologie hautnah!

Am Parkplatz „Booser Doppelmaar“ (1) nehmen wir die Spur des Traumpfädchens auf. Teils wird uns heute auch der hiesige Traumpfad begleiten. Wir wenden uns vom Parkplatz nach Westen, steigen in einem Wäldchen einige Meter ab und passieren am Parkplatz Schemel das Portal des Traumpfades. Vom bequemen Waldrandweg liegt das westliche Maar mit seinem in der Sonne glitzernden See perfekt im Blick.

Kurz tauchen wir in den Wald ein, doch schon bald öffnet sich eine Aussicht (2) auf das östliche Maar, dessen Wiesen in starkem Kontrast zum gerade noch bewunderten Maarsee stehen. Dennoch erkennen wir bei genauem Hinschauen auch hier die typische Maarstruktur.

Blick vom Eifelturm

Ein Stück folgen wir noch dem Waldrand, bis die Logos an einer Bank unvermittelt rechts bergan weisen. Wir bewältigen den kurzen aber durchaus strammen Aufstieg gut und erholen uns oben an einer Schutzhütte mit Bänken schnell.

Nun befinden wir uns an der Flanke des Schneeberges und frönen dem entspannten Waldwandern. Dann steht der nächste, kurze Anstieg an, der uns zum Wahrzeichen der Tour bringt: dem Booser Eifelturm (3). Natürlich steigen wir hinauf und können bei klarem Wetter einen herrlichen Rundumblick auf die Vulkaneifel und zur markanten Nürburg genießen.

Zurück auf dem Boden laufen wir weiter und bekommen sogleich Gelegenheit zum nächsten Abstecher: statt links weiter den Logos zu folgen, lohnt sich ein 50m Exkurs nach rechts: hier ist ein Lavabombenaufschluss (4) zu bewundern.

Danach verläuft unser Weg durch offenes Terrain und passiert dabei eine schöne Aussicht (mit Bänken) auf Boos (5).

Bald wechseln wir den Kurs und laufen auf breiten Wegen hinab in den Ort (6). Dort lockt ein Gastgeber zur zünftigen Einkehr. Vorbei an der Kirche gelangen wir an den Ortsrand, gewinnen etwas an Höhe und genießen eine herrliche Wiesenpassage. Wir erreichen den Waldrand und wenig später stehen wir wieder am Parkplatz (1), wo sich der Kreis der Tour schließt.

Romantik pur.

INFOS

Eifelhotel Fuchs, Hauptstr. 27, 56729 Boos ✆ 02656/541
ⓘ www.eifel-gasthaus.de

Eifelhotel Fuchs, Hauptstr. 27, 56729 Boos ✆ 02656/541
ⓘ www.eifel-gasthaus.de
- Pension Zur Scheune, Hauptstr. 10, 56729 Lind ✆ 02656/8179
ⓘ www.eifelscheune.de
- Landhaus Tannenhof, Im Liewen 2, 56729 Lind ✆ 02656/951414
ⓘ www.landhaus-tannenhof.de

Info: ⓘ www.vrm.info
Traumpfad + Traumpfächen:
Boos Kindergarten
Achtung: nur wenige Fahrten
- Bus 334 (Mayen-Bermel)
- Bus 343 (Mayen-Boos)

Die Gemeinde Boos bietet neben den vulkanischen Themenwegen Krater-Rundweg und Doppelmaartour auch den Stumpfarmweg an. Der 15 km Rundkurs beginnt in Boos am Jugendzentrum und führt über den Booser Eifelturm zu Punkten im Leben des Eifeler Schinderhannes,.
Weitere Infos unter Wandern auf der Seite ⓘ www.boos-eifel.de

Wie wird unser Wetter? Woher kommt der Regenbogen? Warum gewittert es jetzt? Vielen spannenden Fragen rund ums Thema Wetter können nicht nur Kinder in der Wetterwarte Barweiler nachgehen. Führungen in kleinen Gruppen (max. 10 Pers.), telefonische Voranmeldung ist erforderlich.
✆ 02691/931385 ⏲ Führungen: werktags 10–15 Uhr

5 Heidehimmel Volkesfeld

Heide-Träume

- **Start/Ziel:** Wanderparkplatz „Heilquelle“ an der L 83

- **Tourist-Info** Tourist-Info Maria Laach
Maria Laach, 56653 Glees ✆ 02636/19433
ⓘ www.vulkanregion-Laacher-see.de

- **Anfahrt:** Mit dem Pkw erreicht man Volkesfeld am besten auf der L 83 durch das Nettetal. Von der B 412 nutzt man die L 83 über Weibern bis Volkesfeld.

- **Parkplätze:**
- Wanderparkplatz „Heilquelle“ an der L 83 N50° 23' 02.3'' • E7° 08' 45.5''

scan to go®

QR-Code mit der App „traumtouren“ einscannen und Route anzeigen lassen.

- **Wegpunkte:**

P1: Wanderparkplatz Heilquelle
32 U 368192 5582968

P2: Portal Traumpfad
32 U 368106 5583023

P3: Riethelkreuz
32 U 368547 5583346

P4: Rastplatz am Zuweg
32 U 367608 5583970

P5: Waberner Wacholderhütte
32 U 367279 5583597

P6: Falkleyblick
32 U 366528 5582857

P7: Aussicht Noorkopf
32 U 367684 5583582

P8: Florianshütte
32 U 367701 5583391

P9: Heilquelle
32 U 368040 5583048

GPS-Koordinaten nach UTM

10 km | 3h | 262 ↑ ↓ | 531 | 701 ♀ 823 ♂ | T2X6TX3

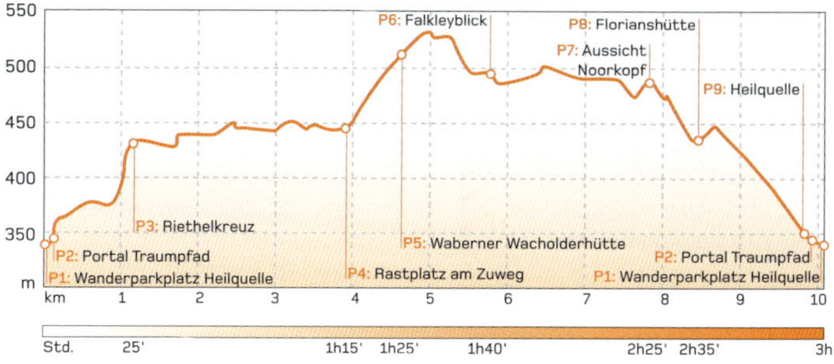

Ein himmlisches Wandervergnügen erwartet uns zwischen grandiosen Fernblicken und duftenden Wacholderheiden. Auf weichen Wiesenwegen und Waldpfaden erobern wir die abwechslungsreiche Landschaft rund um Volkesfeld, genießen dabei grenzenlose Weiten und verträumte Momente unter knorrigen Kiefern. Und am Ende erfrischt uns eine echte Heilquelle mit eisenhaltigem Wasser.

Wacholder am Wegesrand.

Am großzügigen Wanderparkplatz „Heilquelle" (1) an der L 83 im Nettetal beginnen wir die Wanderung auf dem „Heidehimmel Volkesfeld". Wir queren die Straße und folgen dem asphaltierten Wirtschaftsweg nach links. Nach nur **100 m** erreichen wir das Portal (2) des Traumpfads. Wir verlassen den Asphalt, einige Holzstufen bringen uns zu einer Schutzhütte, an der wir ins Abenteuer „Heidehimmel" starten. Weitere robuste Holzstufen führen uns auf einem Pfad in den Mischwald hinein. Die Steigung ist nur leicht, und schon wenig später endet der Pfad an einem breiten Waldweg.

Wir wenden uns nach rechts und wandern auf dem weichen Waldboden weiter. Die erste Attraktion lässt nicht lange auf sich warten: In einer Kurve locken zwei Bänke zum Verweilen – und mit einem ersten Blick über das Nettetal. Dann genießen wir den kühlen Schatten der Tannenwedel und folgen dem Waldweg leicht abwärts nach Volkesfeld. Über den Sauerbrunnenweg gelangen wir in den kleinen Ort und treffen neben einem munter sprudelnden Brunnen auf die Kreuzung mit der Nettestraße. Hier halten wir uns links aufwärts. Der Gehweg verengt sich, doch wir queren hier sowieso die Straße und laufen auf der anderen Seite auf einem befestigten Weg bergan. Am Rand einer umzäunten Wiese stellen wir uns der ersten konditionellen Herausforderung: Die Volkesfelder Wacholderheiden wollen erobert werden. Dazu erklimmen wir nun auf deutlich ansteigendem Pfad den frisch ausgeputzten Hang. Das Ziel haben wir klar vor Augen, denn hoch reckt sich das Riethelkreuz in den Himmel.

Nach **1.1 km** haben wir es geschafft und stehen in luftiger Höhe über Volkesfeld am Riethelkreuz **(3)**. Im ersten Moment wissen wir gar nicht, was zuerst bewundert werden soll: die großartige Aussicht oder die urwüchsige Wacholderheide. Doch wir nehmen uns einfach Zeit, beides auf uns wirken zu lassen und in vollen (Atem-)Zügen zu genießen.

Über den sanft abfallenden Höhenrücken setzen wir die Tour (traumhafte Panoramasicht!) fort und erreichen „Am Riethel" das Neubaugebiet von Volkesfeld. Wir biegen nach links ab – und an der Kreuzung mit „Seeblick" laufen wir halb rechts bergan. Auf Höhe des letzten Hauses überschreiten wir eine unscheinbare grüne Linie auf dem Asphalt: Dabei handelt es sich um die Startlinie der jährlich im August stattfindenden internationalen Bobbycar-Rennen, die sogar in die Wertung der Bobbycar-Weltmeisterschaft eingehen …

Wir treffen auf einen Querweg und biegen links ab. Nun wandern wir –

Natur pur.

Hütte an der Heilquelle.

Auf dem Noorkopf.

Aufstieg zum Riethelkreuz.

mit herrlichen Ausblicken Richtung Riethelkreuz – oberhalb des Neubaugebiets entlang.

Allmählich ändert der Weg seine Richtung, und wir durchqueren ein kleines Wäldchen, bevor sich wieder weite Wiesen vor uns öffnen. Eine Bank bietet Aussicht und Rastgelegenheit. Nach **2.5 km** treffen wir auf einen asphaltierten Wirtschaftsweg und wenden uns nach links. Der Asphalt endet, und wir spüren wieder weiches Gras unter den Schuhsohlen. Links schweift unser Blick noch einmal zur Heide am Riethelkreuz. Wiesen, die in naher Zukunft auch wieder mit Streuobstbäumen bepflanzt werden sollen, begleiten uns zu den nächsten Häusern. Schotter löst das Gras ab, und wir gewinnen leicht an Höhe. An einem Wasserpumpenhaus biegen wir schließlich rechts auf einen Asphaltweg, der uns rasch zur Querung der K 63 bringt. Bevor wir aber auf der anderen Seite links dem Feldweg folgen, müssen wir verweilen und das fantastische Panorama auf uns wirken lassen.

Begeistert setzen wir die Wanderung auf grasigem Untergrund fort. Der Weg macht eine Kurve – und wer hier im Sommer vorbeikommt, der wird sich an der üppigen Farbenpracht einer herrlichen Wildwiese erfreuen, die Anwohner liebevoll pflegen. Wir passieren das letzte Haus und sehen vor uns eine Kreuzung zweier Wirtschaftswege. Doch wir sind auf einem Traumpfad unterwegs, und daher bleibt uns der Asphalt erspart. Stattdessen biegen wir an der Hecke vor der Kreuzung rechts auf einen reaktivierten Wiesenpfad ab. Von Hecken begleitet, erreichen wir so mit federnden Schritten einen Feldweg und wenden uns rechts in die freie Offenlandschaft.

Mit herrlichem Weitblick wandern wir durch die Felder und Wiesen und erreichen nach **3.9 km** einen einladenden Rastplatz (4). Hier trifft auch der Zuweg vom Parkplatz „Waberner Brücke" auf den Traumpfad. Was folgt, ist schlicht grandios: Wir biegen links auf einen ansteigenden Grasweg ab, der von Ginster und Wacholder gesäumt wird. Jeder Schritt bringt uns weiter in die Naturidylle der Waberner Heide. Bald verlassen wir den breiten Feldweg nach rechts und steigen auf schmalem Wiesenpfad noch weiter bergan. Wir gehen auf Tuchfühlung mit den stacheligen Wacholdern, atmen das würzige Aroma ein und fühlen uns wie im siebten Himmel. Mitten in der Vulkaneifel erleben wir südliches Flair wie im Sommerurlaub.

Ein Höhepunkt des Aufstiegs ist die Waberner Wacholderhütte (5), die uns nach **4.6 km** zur Rast mitten im Naturparadies einlädt und uns zusätzlich auch noch mit grandiosen Panoramablicken verwöhnt. Der Augenschmaus wird noch gesteigert durch die angenehme Stille, die uns eine echte Auszeit vom Alltagsstress ermöglicht. Auch nach der Hütte begeistert die Heide – und lässt uns Schritt für Schritt weiterträumen …

Unterwegs zum Noorkopf.

Nach **5.2 km** steht ein Szenenwechsel an. Wir biegen halb links auf einen Pfad ab, Büsche schmiegen sich eng um uns, und wir sind mittendrin in der Natur. Die markanten Traumpfad-Logos führen in ein Wäldchen, wo wir mit einem Linksschwenk weiter an Höhe verlieren. Auch nach dem Waldstück setzt sich der Abstieg rechts außen am Waldrand entlang fort. Wir erreichen eine Kreuzung und laufen geradeaus in ein Laubwaldgebiet. Nun rauschen wieder Blätter über uns, doch so richtig hochgewachsen sind die Bäume hier alle nicht. Das wird uns am nächsten Höhepunkt besonders deutlich: Der Falkleyblick **(6)** präsentiert, eingerahmt von niedrigen Krüppeleichen, von exponierter Klippe aus einen weiteren Traumblick ins Nettetal.

Pilzhütte auf dem Noorkopf.

Bei der entspannenden Rast auf der Traumpfadliege können wir übrigens ein weiteres lohnendes Ziel in Augenschein nehmen: Genau gegenüber startet an der Wacholderhütte in Langscheid der Traumpfad „Wacholderweg“ (▶ S. 20) und verspricht weiteres Wandervergnügen im Reich der Wacholder.

Die folgende Waldpassage auf bequemen Waldwegen gibt uns Gelegenheit, die Eindrücke zu verarbeiten. Nach **6.4 km** treffen wir auf freiem Feld auf einen breiten Wirtschaftsweg, dem wir kurz nach rechts folgen. Doch schon knapp 80 Meter später biegen wir rechts auf einen abschüssigen Wiesenweg ab. Mit etwas Glück kann man in dieser Gegend übrigens auf ungewöhnliche Vierbeiner treffen: Hier tummelt sich gerne eine Herde frei laufender Kamerunschafe, die eigentlich nicht zu den typischen Waldbewohnern der Vulkaneifel zählen. Doch die harmlosen braunen Tiere, die mehr an Ziegen als an Schafe erinnern, fühlen sich ausgesprochen wohl. Noch eine weitere – und in der Eifel durchaus heimische Tierart – zeigt sich mit etwas Glück: Große Gruppen wilder Mufflons begeben sich auf den Waldwiesen und Feldern gerne auf Futtersuche.

Doch selbst wenn sich die Vierbeiner nicht blicken lassen – der „Heidehimmel Volkesfeld“ glänzt immer wieder mit herrlicher Abwechslung. Eine davon bietet sich, kurz nachdem wir bei **Kilometer 7.6** auf einen querenden Asphaltweg gestoßen sind: Hier biegt der Traumpfad eigentlich nach rechts abwärts ab.

Doch wir wollen uns den Abstecher zum nahen Noorkopf nicht entgehen lassen. Die pilzförmige Schutzhütte haben wir bereits mehrfach von Weitem gesehen, nun gönnen wir uns den halben Kilometer Umweg und statten dem Berg einen Besuch ab. Dazu laufen wir – der Zuwegemarkierung folgend – noch etwas auf dem Asphaltweg abwärts und biegen dann rechts auf einen Grasweg ab. Der führt uns im Bogen langsam ansteigend hinauf auf den Noorkopf (7).

Der Abstecher lohnt sich, denn die 270-Grad-Aussicht vom Berg ist sagenhaft. Anschließend kehren wir auf gleicher Strecke zurück bis zum Abzweig des Traumpfads. Wieder auf der regulären Trasse, geht es am Rand eines Feldes deutlich abwärts. Bald treffen wir auf einen eben verlaufenden Feldweg und schwenken nach links. Nach **8.5 km** lädt uns die neue Florianshütte (8) zur Rast ein und bietet neben betörender Stille noch einmal schöne Blicke Richtung Nettetal.

Erfrischt setzen wir die Wanderung auf dem Feldweg fort und treffen bald an einer Wegkreuzung ein. Rechts erkennen wir den Feuerplatz der traditionellen Martinsfeuer. Wir halten uns am Waldrand rechts, passieren eine Bank und folgen dem Waldweg unter das schattige Blätterdach. An der nächsten Weggabelung orientieren wir uns rechts und wandern nun gemütlich mit großem Bogen abwärts. Nach **9.5 km** biegen wir, fast schon im Talgrund angelangt, scharf links ab. Nun erhaschen wir rechts erste Blicke auf die Talwiesen. Kaum haben wir einen Querweg ignoriert, stehen wir an der letzten Attraktion des Weges: Rechts sprudelt munter die Heilquelle (9) des „Sauren Buhr" Eindrucksvoll hat sich der Boden um den Ausfluss der Quelle tief orangerot gefärbt, was für den hohen Eisengehalt des Heilwassers spricht. Für eine längere Rast am gesunden Nass steht eine Schutzhütte parat.

Nach der Erfrischung wandern wir auf dem nun asphaltierten Weg geradeaus weiter, passieren wenig später das Portal des Traumpfades (2) und treffen schließlich nach Querung der L 83 bei **Tageskilometer 10** wieder am Parkplatz (1) ein.

INFOS

Restaurant und Hotel Eifeler Seehütte, Am Waldsee, 56745 Rieden
02655/3696 www.seehuette.de
kein Ruhetag
■ Vulkan Brauerei, Laacher-See-Str.2, 56743 Mendig 02652/520330
www.vulkan-brauerei.de

Hotel, Restaurant und Café Forsthaus, Nettestraße 12, 56745 Riedener Mühlen 02655/95990
■ Weitere Einkehr-/Übernachtungsmöglichkeiten: www.vulkanregion-laacher-see.de

In der Umgebung von Volkesfeld kann man tiefe Einblicke in die ursprünglichen Wacholderheiden der Eifel gewinnen, die einst in dieser Region weit verbreitet waren. Besonders eindrucksvoll sind die Heiden beim Riethelkreuz

Taxi Bell 02652/935935

Info: www.vrm.info
Haltestelle:
Klinik am Waldsee (Rieden)
■ Mo-Fr: Bus 820 (Mayen-Kempenich)
■ Sa-So: Bus 821 (Mayen-Kempenich)

Am Riethelkreuz.

Hüttenrast.

Am roten Wasser

Wer Volkesfeld besucht, darf auf gar keinen Fall den Besuch beim „Sauren Buhr", wie die 1968 gefasste Heilwasserquelle auch genannt wird, verpassen. Aus einer Tiefe von 35 Metern sprudelt das erfrischende Nass an die Oberfläche. Der Säuerling ist reich an Calcium, Magnesium und Eisen sowie vielen weiteren Mineralstoffen, die das Wasser beim Aufstieg aus dem Boden löst. Eigentlich erfüllt der Sauerbrunnen die Anforderungen einer staatlich anerkannten Heilwasserquelle, allerdings wurde auf eine offizielle Anerkennung verzichtet, um den ungehinderten freien Zugang zur Quelle auch weiterhin zu ermöglichen.

Das Mineralwasser soll bei Magen-, Darm- und Gallenbeschwerden helfen. Doch auch für gesunde Menschen ist ein kühler Trunk aus der Quelle eine willkommene Erfrischung – nicht nur nach der Wandertour. Die benachbarte Schutzhütte lädt zur gemütlichen Rast an der Quelle ein.

6 Virne-Burgweg

Zwischen Burg und Berg

■ **Start/Ziel:** Gemeindehaus Virneburg

■ **Tourist-Info**
Vordereifel, Kelberger Str. 26,
56727 Mayen ✆ 02651/800995
ⓘ www.naturerlebnis-vordereifel.de

■ **Taxi:**
■ Heinz ✆ 02651/700999

■ **Anfahrt:** Über die B 258 ins Zentrum von Virneburg. Die Wanderung beginnt am Gemeindehaus in Virneburg.

scan to go
QR-Code mit der App „traumtouren" einscannen und Route anzeigen lassen.

■ **Parkplätze in Virneburg:**
■ Gemeindehaus (In der Au 6)
N50° 20' 30.6'' • E7° 04' 31.5''
■ Blumenrather Heide (B 258)
N50° 20' 14.5'' • E7° 05' 37.1''

■ **Wegpunkte:**

P1: Gemeindehaus Virneburg
32 U 363170 5578407
P2: Ruine Virneburg
32 U 363320 5578537
P3: Nitzbachtal
32 U 363064 5578052
P4: Aussichtsbank Schafberg
32 U 363546 5577532
P5: Querung B 258
32 U 364324 5577872
P6: Schutzhütte Virneburg
32 U 363707 5578582
P7: Aussicht 32 U 363666 5578830
P8: Rastplatz Burgblick
32 U 362991 5578590

GPS-Koordinaten nach UTM

10 km	2h 50min	327	521	728 854	TPX4T16

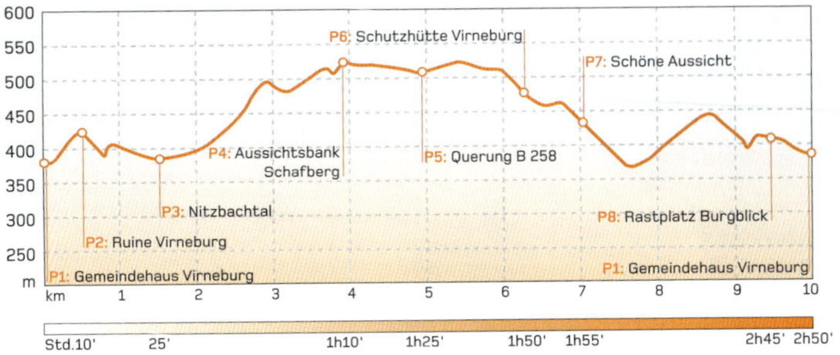

Hoch über dem Nitzbach erhebt sich die eindrucksvolle Ruine der Virneburg – ein sprichwörtlicher Höhepunkt dieser Rundtour. Neben alten Gemäuern erwartet uns heute auch eine vielfältige Natur – mit herrlichem Wald und tollen Heiden. Traumhafte Pfadpassagen krönen diese abwechslungsreiche Wanderung auf dem Weg des Jahres 2008.

Am Parkplatz beim Gemeindehaus Virneburg **(1)** starten wir die Runde auf dem Virne-Burgweg, der ab und an gemeinsam mit dem Traumpfädchen Virne Burgblick verläuft. Zunächst laufen wir über den Fußweg hinab zum Nitzbach, den wir neben dem Dorfteich überqueren. Durch die engen Gassen des kleinen Ortes gelangen wir zum Wiesenpfad, der uns bergan zur kleinen Kapelle und zur Ruine der Virneburg **(2)** führt. Die eindrucksvollen Gemäuer der aus dem 13. Jahrhundert stammenden Burg zeugen noch heute von der machtvollen Stellung der Grafen von Virneburg. Wir bewundern von der hoch über der Gemeinde thronenden Burgruine aus die Siedlung, die uns, in das satte Grün des umgebenden Waldes eingebettet, zu Füßen liegt.

Ein Wiesenweg führt uns aus der Burg heraus abwärts zurück ins Dorf, wo wir die B 258 queren. Sogleich wenden wir uns links neben einem Haus auf schmalem Pfad

Blick von der Ruine Virneburg.

bergan und treffen nach **900 m** auf den nach rechts führenden Vulkanweg. Wir folgen dem abwechslungsreichen Naturweg. Im Tal unter uns murmelt munter der Nitzbach. Langsam geht es abwärts, bis wir uns an einem Parkplatz (3) neben der Nitzbachbrücke auf Niveau des Bachs befinden. Wir laufen geradeaus weiter und verlassen erst nach **2 km** das Haupttal, indem wir links in ein Seitental abbiegen.

Auf naturbelassenem Waldweg laufen wir nun stetig bergan, passieren einen Fischteich und erreichen nach weiteren 600 m am Scheitelpunkt der Talumrundung eine Wegkreuzung. Hier wenden wir uns nach links und ersteigen den Hochwald. Gut 40 Höhenmeter weiter oben quert ein Waldweg, wir wenden uns nach links. An der folgenden Wegkreuzung bei **Kilometer 3.1** wenden wir uns nach rechts, ebenso nach weiteren 200 m. Nun wandern wir auf herrlichem Waldweg nahe dem Waldrand entlang nach Osten.

Es geht nur noch unmerklich aufwärts. Schließlich verlassen wir den Wald und laufen links am Waldrand entlang. Zunächst erahnen wir die weite Aussicht nur, nach einem neuerlichen Richtungsschwenk nach rechts aufwärts offenbart sich uns aber die Panoramasicht in voller Pracht! Wir befinden uns nun am Schafberg, wo eine Bank (4) zum Verschnaufen einlädt. Die Flora am Schafberg steht mit ihrer Heidevegetation, den duftenden Kiefern, niedrigen Eichen und Wacholdern in strengem Gegensatz zum bisheri-

Streiflicht.

Umgeben von Grün.

Burg-Rast.

gen Mischwald. Wir genießen diesen Wechsel und die ursprüngliche Natur in vollen Zügen. Anschließend wandern wir zur B 258, die wir auf Höhe einer kleinen Kapelle am Waldparkplatz neben dem Sportfeld queren (5). Wir laufen geradeaus weiter und finden uns nach **5.2 km** mitten in der grandiosen Landschaft der Blumenrather Heide wieder. In diesem Schutzgebiet gedeiht die typische Wacholderheide der Eifel. Weidetiere halten die Flächen offen.

Wir folgen dem breiten Weg zwischen Wald und Heide, bis wir scharf nach links abbiegen. Wer möchte, kann zuvor einen Abstecher zur nahen Schutzhütte (200 m geradeaus) machen. Geradewegs durch die Wacholderflächen wandern wir nun westwärts und bewundern das sich uns bietende Panorama. Am Horizont zeichnet sich die Silhouette der Nürburg ab. Nach **6.6 km** treffen wir an der Schutzhütte Virneburg (6) ein.

Rast am Schafberg.

Nun beginnt eine tolle Passage! Direkt rechts neben der Hütte startet der Bergpfad, der uns eng und gewunden an der Hangkante entlang durch den lichten Wald führt. Tolle Ausblicke wie die Schöne Aussicht (7) und exponierte Abschnitte machen diesen Teil der Wanderung zu einem echten Abenteuer. Bei **Kilometer 7.3** mündet der Pfad nach links auf einen Waldweg. Beeindruckende Felsformationen erwarten uns beim weiteren, gemächlichen Abstieg ins Tal. Dort treffen wir schließlich auf einen Teerweg, der uns links zur nahen Brücke über den Nitzbach bringt. Nur 100 m später biegen wir erst scharf rechts und gleich wieder scharf links ab. Jetzt wandern wir auf weichem Grasweg bergan. Offene Wiesenflächen und kleine Gehölze begleiten uns beim Aufstieg, der zu einem traumhaften Ausblick auf die Virneburg führt. Nach **8.7 km** biegen wir links ab und bewegen uns wieder abwärts Richtung Virneburg. Der Weg verläuft durch dichte Hecken und Gehölze, – recht unvermittelt tauchen nach 350 m die ersten Häuser der Gemeinde auf. Nur kurz währt unsere Stippvisite im Dorf,

denn wir wenden uns bereits am Ortsbeginn nach rechts, um uns nach Querung des Tals gleich bei erster Gelegenheit wieder rechts zurück in die Natur zu wenden. Wir folgen dem Wiesenweg leicht bergan, passieren ein Privatgrundstück und dürfen die erste Abzweigung nach links nicht verpassen. Nun laufen wir höhenparallel endgültig zurück nach Virneburg. Nach einer letzten Waldpassage wird uns der Sinn dieses Abstechers klar: An einer Sitzgruppe (8) stehen wir auf Augenhöhe mit der auf der anderen Talseite aufstrebenden Burgruine, ein majestätischer Anblick! Unser Weg führt uns nun noch an einer alten Steinbruchwand vorbei. Nach **9.8 km** haben wir den Ort wieder erreicht. Gemeinsam mit dem Traumpfädchen biegen wir links ab und laufen im Bogen zum Gemeindehaus und Parkplatz (1), wo die Tour nach **10 km** endet.

Der Virne-Burgweg wurde als Deutschlands schönster Wanderweg 2008 ausgezeichnet

6 b Virneburger Burgblicke

Start/Ziel: Gemeindehaus Virneburg

Anfahrt: Von Mayen erreicht man über die B 258 Virneburg, wo man im Zentrum am Gemeindehaus parken kann.

Taxi: Taxi Heinz ✆ 02651/700999

scan to go

QR-Code mit der App „traumtouren" einscannen und Route anzeigen lassen.

Parken: Gemeindehaus Virneburg (In der Au 6)
N50° 20' 30.6" • E7° 04' 37.2"

Wegpunkte:

P1 Gemeindehaus
32 U 363170 5578407

P2 Nitzbachtal
32 U 363064 5578052

P3 Felsausblick
32 U 363473 5578405

P4 Ruine Virneburg
32 U 363320 5578537

P5 Rastplatz Burgblick
32 U 362991 5578590

3.5 km | 1h 15min | 135 | 426 | 281 330 | PSW1X6X9

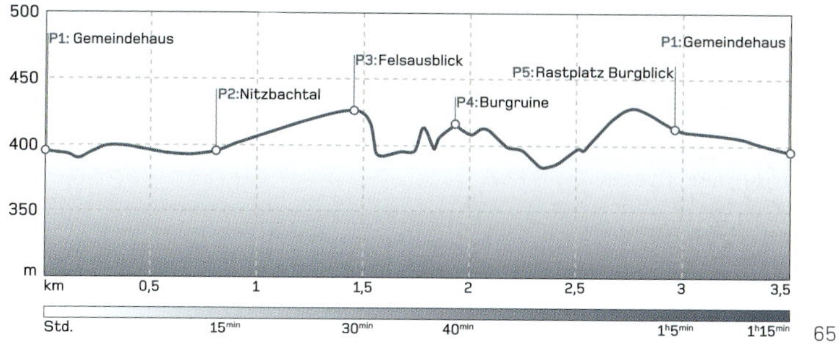

Burgenrunde im Nitzbachtal. Das beschreibt die kurze Tour um Virneburg treffend. Denn neben dem idyllischen Nitzbach sorgen die Ruine der Virneburg und die herrlichen Ausblicke für ein tolles und kurzweiliges Wandererlebnis.

Mitten in Virneburg beginnen wir am Parkplatz des Gemeindehauses (1) die Wanderung auf dem Traumpfädchen, das immer wieder auf kurzen Strecken zusammen mit dem Traumpfad verläuft. Zum Auftakt grüßt die Burg vom Berg, doch uns zieht es zunächst zum Nitzbach.

Daher laufen wir zur Hauptstraße, queren sie und folgen dem bequemen Weg entlang des Nitzbaches nach Südwesten. Der munter strömende Bach und seine Talaue lassen uns die nur wenig oberhalb verlaufende B 258 vergessen und versetzen uns in Hochstimmung.

Bald queren wir per Brücke den Bach (2) und wenden uns links einem gemächlich ansteigenden Waldweg zu. Immer wieder erhaschen wir durch die Bäume einen Blick ins Tal und auch zur Ruine.

An einem Felssporn halten wir unwillkürlich inne: denn die Ruine liegt perfekt im Blick (3) und scheint zum Greifen nah – und ist uns dennoch so fern.

Denn zuvor steigen wir noch einmal in den Ort, queren die B 258 und steigen kurz darauf zum wildromantischen und sehr aussichtsreichen Felsenpfad unterhalb der Ruine auf. Der Pfad führt uns zur Kapelle, wo wir den kurzen aber durchaus strammen Anstieg zur Ruine in Angriff nehmen. Dann ist es geschafft und wir stehen mitten im alten Gemäuer der Virneburg (4)!

Nach Pause und Erkundung führen uns die Logos im Bogen um den Burgberg und schließlich wieder hinab zum Nitzbach. Wir queren den Bach und verlassen den Ort, wobei wir etwas Höhe gut machen. Ein letztes Mal treffen wir auf den großen Traumpfad und gemeinsam queren wir ein Tal, bevor wir bergan in den Wald wandern.

Mit scharfem Linksknick nähern wir uns bald wieder der Hangkante und sind begeistert, als wir dort eintreffen und vom Rastplatz Virneburgblick (5) noch einmal eine tolle Aussicht zur Burg genießen können. Die Aussicht begleitet uns auch beim Schlußabstieg zurück in den Ort, wo sich am Gemeindehaus (1) diese spannende Runde schließt.

Wilde Brombeeren.

Traumhafte Aussicht.

Bäckerei/Café/Restaurant Zur Burg, Hauptstraße 37, 56729 Virneburg ✆ 02656/723

In Virneburg gibt es private Übernachtungsmöglichkeiten.
ⓘ virneburg-eifel.de/tourismus

- Hotel am Brünnchen, Adenauer Straße 6, 56729 Oberbaar
- Waldhotel am Nürburgring Am Buchholz 16, 56729 Baar-Wanderath ✆ 02656/9526567 ⓘ www.waldhotel-am-nuerburgring.de
- Hotel und Kongresszentrum Wanderath, Am Buchholz 34, 56729 Baar ✆ 02656/889-0

Info: ⓘ www.vrm.info
Traumpfad + Traumpfädchen: Virneburg Brücke

- Mo-Fr: Bus 344 (Mayen-Herresbach)

In Monreal erhebt sich über dem Städtchen die Ruine der Löwenburg. Ursprünglich gründeten die Virneburger die Burg zum Schutz der Stadt. Während des Dreißigjährigen Krieges wurde die Löwenburg 1689 von den Franzosen zerstört. Bis heute erhalten sind der markante Bergfried, Reste der Kapelle sowie die Vorburg. Die Ruine ist frei zugänglich.

7 Hochbermeler

- **Start/Ziel:** Parkplatz Sportplatz Bermel
- **Tourist-Info** Vordereifel, Kelberger Straße 26, 56727 Mayen ✆ 02651/800995 ⓘ www.naturerlebnis-vordereifel.de
- **Anfahrt:** Von Mayen die B 258 und L 98 nach Monreal. Dort auf die L 96 Richtung Bermel. In Bermel am Sportplatz parken und per Zuweg zum Traumpfad.
- **Taxi:** Taxi Fiedler ✆ 02651/3030

scan to go®

QR-Code mit der App „traumtouren" einscannen und Route anzeigen lassen.

- **Parkplatz in Bermel:**
- Sportplatz
  N50° 16' 48.3'' • E7° 05' 22.4''

- **Wegpunkte:**

P1: Parkplatz Sportplatz Bermel
32 U 363837 5571462

P2: Treffen auf Traumpfad
32 U 364023 5571484

P3: Aussicht Bermel
32 U 364177 5571752

P4: Ortsmitte Fensterseifen
32 U 364896 5572084

P5: Schälskopf
32 U 365616 5572192

P6: Abzweig Verbindungsweg Monreal
32 U 366056 5572117

P7: Köhlerhütte
32 U 364954 5570626

P8: Aussicht Hochbermel
32 U 364216 5571528

10.2	3h	344	555	756 887	
km					T2X8TX1

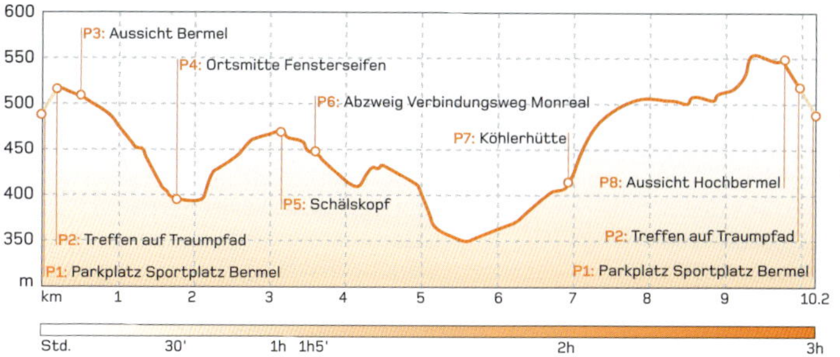

Willkommen im Feuerland: Mitten durch die sanften Höhen der inzwischen friedlichen Vulkaneifel führt uns der Hochbermeler über traumhafte Pfade, vorbei an rauschenden Bächen und durch verschwiegene Wälder. Fantastische Panoramablicke lassen die Wanderherzen höherschlagen.

Unser Ausflug ins „Feuerland" beginnt am Sportplatz in Bermel (1). Über einen Zuweg erreichen wir nach nur **200 m** den Traumpfad Hochbermeler (2), den wir im Uhrzeigersinn erkunden wollen. Also biegen wir nun links auf einen breiten Waldweg ab, der bald auf einen der Steinbruchszuwege trifft. Noch laufen wir unbeirrt geradeaus weiter. Erst einige Meter später dürfen wir den Abzweig nach links in das brachliegende, von Gräsern und Büschen in Beschlag genommene Areal einer weiteren Abbausohle nicht übersehen.

Ein enger Pfad führt uns über den holprigen Untergrund, Trittsicherheit ist hier notwendig! Doch wir werden für diese etwas mühsame Passage reich belohnt, denn an der Hangkante angelangt, sind wir sofort begeistert von der Panoramaaussicht auf Bermel (3) und Umgebung. Auch der anschließende Pfadabschnitt beeindruckt uns sehr – das ist echtes „Traumpfad-Wandern".

Viel zu schnell erreichen wir wieder den breiten Weg und schwenken nach links. Doch noch einmal gewährt uns der Hochbermeler einen Einblick in die feurige Vergangenheit: Rechts zweigt nach **0.9 km** ein Zuweg in den ehemaligen Steinbruch ab, und dort stehen wir der himmelhohen Wand des Feuerberges Hochbermel unmittelbar gegenüber.

Zurück auf dem Hauptweg, queren wir wenig später die Zufahrt zu den Buchenhöfen. Wir wandern fast geradeaus weiter und versinken im rauschenden Wald. Zwei Richtungswechsel meistern wir spielend, und nach **1.6 km** passieren wir auf unserem abschüssigen Waldweg das erste Gebäude im Wald. Danach geht es nach rechts, und wir gelangen zum Waldrand oberhalb von Fensterseifen.

Nun folgen wir dem Asphaltweg nach links, passieren eine kleine Kapelle und treffen in Fensterseifen (4) ein. Wir laufen durch den kleinen Ort und wechseln nach **1.8 km** zurück in die Natur. Zügig bringt uns der Feldweg durch Wiesen in den Wald. Nach der ersten Anhöhe verändert sich die Vegetation, hochgewachsene Buchen dominieren hier das Szenario. Unter unseren Schuhen raschelt das Laub des letzten Jahres und macht uns überdeutlich, dass ansonsten hier nichts herrscht als herrliche Ruhe. Der Anstieg wird etwas steiler, der Buchenhallenwald wird von gedrun-

Felsklippen am Hochbermel.

Ausblick ins Elzbachtal.

Naturidylle am Pfad.

genen Laubbäumen – darunter viele Eichen – abgelöst. Am Rande einer Tannenschonung biegen wir leicht rechts ab, und nach **2.7 km** verlassen wir den Wald, um am Rand eines Feldes zunächst nach links, dann aber bei erster Gelegenheit rechts über die offene Fläche zu laufen.

Dabei kommen wir in den Genuss eines grandiosen Ausblicks, denn unser Blick schweift rechts zum kegelförmigen Gipfel des Hochbermel. Dort werden wir am Ende der Tour auch noch vorbeikommen.

Am Waldrand wenden wir uns nach links und wandern nun mit sanfter Steigung in das nächste Waldstück. Dort steht ein kleiner Abstecher zum Schälskopf **(5)** an, einem mit Basaltbrocken übersäten „Berggipfel“ mitten im Wald. Die fast schwarzen, sehr harten Gesteinsbrocken sind ein weiterer Kontakt zur feurigen Vergangenheit der Umgebung und erinnern uns daran, dass es in der Vulkaneifel einst sehr heiß herging.

Wir kehren zum breiten Forstweg zurück und laufen nun mit einigen Schlenkern langsam abwärts, bis wir schließlich wieder offenes Feld erreichen. Vor uns breitet sich die Hochfläche „Heunen“ aus und ermöglicht fast grenzenloses Fern-Sehen. Nach **3.7 km** biegen wir rechts auf einen Grasweg ab **(6)**, geradeaus führt der Wirtschaftsweg zum benachbarten Traumpfad bei Monreal (▶ S. 116).

Wir wandern – beschwingt von großartigen Aussichten – über die offene Landschaft talwärts und queren in einem Wäldchen einen kleinen Bach. Klar, dass es nun wieder etwas bergan geht, aber schon nach wenigen Metern Aufstieg begeistert uns erneut die Weite des Hochplateaus.

Nach **4.5 km** treffen wir auf einen Asphaltweg und halten uns links. Schon nach wenigen Metern dürfen wir rechts auf einen Feldweg wechseln und mitten durch die Felder laufen. Einen Querweg ignorieren

Blumenwiese auf dem Heunen.

wir, erst am Wald biegen wir links ab. Mit einigen Schlenkern wandern wir abwärts auf raschelndem Waldpfad durch den mittelhohen Jungwald. Schließlich treffen wir in Sichtweite des Heunenhofs im Thürelzbachtal ein, dessen herrliche Natur uns sofort in den Bann schlägt. Nur gelegentlich wird die Idylle vom eindringlichen Pfeifen der Züge auf der Pellenz-Eifel-Strecke unterbrochen.

Wir wenden uns nach rechts und laufen nun kurzweilig durch die Talaue. Vom Wasser selbst bekommen wir noch nicht viel mit. Das ändert sich allerdings, als wir vor einer Brücke rechts auf einen weichen Waldweg abbiegen und nun dem Kimpelbachtal aufwärts folgen. Auch an der nächsten Weggabelung bleiben wir dem Talgrund treu und erfreuen uns an der fast unberührten Natur. Sträucher und Jungbäume säumen den Weg, und links gluckert der kleine Bach, meist verdeckt durch üppige Grasbüschel. Schließlich weitet sich das Tal, und wir erkennen, dass sich rechts ein Seitental öffnet. Wir queren den Bach und wenden uns auf der anderen Seite am Waldrand nach **6.3 km** rechts in das Seitental. Zunächst noch mit freiem Blick auf den Wiesengrund, später durch hochgewachsenen Mischwald, führt uns der Traumpfad stetig bergan.

Sehr abwechslungsreich präsentiert sich der Wald, dicke Sternmoospolster verbergen Steine und Wurzeln in der Böschung. Nach einem Windbruchareal übernehmen einmal mehr die himmelhohen Buchen das Regiment. Dann fällt uns, etwas oberhalb im Hang, ein Gemäuer auf. Der Traumpfad führt uns direkt dorthin – und das Bauwerk entpuppt sich als uralter Unterstand. Einst diente die sogenannte „Köhlerhütte" (7) den Köhlern als Zuflucht – und Schutzhütte.

Von der Köhlerhütte kehren wir schnurstracks zum breiten Weg zurück, queren diesen und wandern nun auf tollem Pfad. Wir kommen dem Bach dabei sehr nahe und dürfen ihn schließlich auf einem neuen Holzsteg queren. Am Nordufer wandern wir auf weichem Waldweg weiter aufwärts und zollen dem Wasserlauf Respekt, dessen Bett sich immer mehr zum tief eingeschnittenen Canyon wandelt. Welch immense Kräfte Wasser entwickeln kann, gerät oft zu schnell in Vergessenheit.

Allmählich weicht der Wald auf der linken Seite zurück, der Canyon flacht ab, und nach **7.4 km** finden wir uns auf einem von Buschwerk begleiteten Wiesenweg wieder. Bald bleiben auch die letzten Hecken zurück, und vor uns öffnet sich ein neues Panorama der Extraklasse: Geradeaus blicken wir auf Kalenborn mit seinen Windrädern, ansonsten breitet sich in alle Richtungen die typische Vulkaneifellandschaft vor uns aus. Wir treffen auf einen Asphaltweg und laufen rechts bergan. Schon nach 100 Metern wählen wir aber einen geradeaus führenden Feldweg und wandern nun oberhalb der Weide nach Nordosten. Achtung: Am Ende der Weide dürfen wir den scharfen Knick nach links nicht verpassen, der uns über ein Feld und durch einige Hecken zu einem querenden Waldweg bringt – und zu einer der schönsten Passagen dieses Traumpfads.

Auf weichem Boden wandern wir zunächst durch einen dichten, dunkelgrünen Tannenwald, der uns fast in besinnliche Stimmung versetzt. Wir kommen uns vor wie im Märchenland. Mit etwas Glück kann man Fuchs und Hase begegnen. Die Nadelbäume weichen zurück, und im Laubwald biegen wir nun mehrfach ab: erst links, dann rechts, dann wieder links auf einen breiten Weg. Dieser führt uns zu einer mar-

 Wandern vor dem Hochbermeler.

kanten Kreuzung am Waldrand, wir laufen hier rechts auf breitem Forstweg aufwärts. Aber schon wenig später nutzen wir rechts einen Stichweg und treffen schnell auf einen weiteren Waldweg nach rechts. Nun bewegen wir uns bereits an der Flanke des Hochbermel. Doch erst an der nächsten Weggabelung wird es anstrengend, denn wir halten uns links, nun stramm bergan. Aber lange dauert der Konditionstest nicht, 20 Höhenmeter später schicken uns die Logos links auf einen fast eben verlaufenden Weg.

Wir wandern nun knapp unterhalb des Gipfels entlang und stellen uns vor, welches Inferno der heute so harmlos wirkende Berg einst entfachte. Aber mittlerweile ist der Boden kalt, Feuer, Aschewolken und Schwefeldämpfe haben sich längst verzogen. Der Weg gabelt sich, – und wir bleiben dem obersten Weg treu, laufen nun neben der beeindruckenden Abbruchkante des ehemaligen Basaltsteinbruchs bis zu einer neuen Aussichtsplattform. Zu weit sollte man sich nicht vorwagen, denn die Sohle des Tagebaus liegt viele Meter tiefer. Vom sicheren Standpunkt aus genießen wir die großartige Aussicht vom Rand des Hochbermel (8). Nach der kurzen Pause folgen wir dem Pfad abwärts zu einem breiteren Waldweg. Wir verlieren weitere Höhenmeter und treffen nach **10 km** auf einen Querweg. Hier schließt sich der Kreis unserer Vulkanwanderung. Wir wenden uns dem bekannten Zuweg zu und treffen 200 m später wieder am Sportplatz in Bermel ein (1).

Gelber Tupfer am Wegesrand.

INFOS

Haus Löwenburg, Bahnhofstr. 1, 56729 Monreal ✆ 02651/71701 ⓘ www.haus-loewenburg-monreal.de
■ Restaurant „Stellwerk", Bahnhofstr. 58 56729 Monreal ✆ 02651/77767 ⓘ www.stellwerk-monreal.de
■ Cafe Plüsch, Obertorstraße 14 (Altes Pfarrhaus in Monreal), 56729 Monreal ✆ 02651/7039111 ⓘ www.cafe-plüsch-monreal.de

Pension Eifelblick, Hochstr. 21, 56729 Bermel ✆ 02657/402
■ Ferienhaus Vulkan Hochbermel, Hauptstraße 28, 56729 Bermel ✆ 02657/940225 ⓘ www.ferienhaus-vulkan-hochbermel.de

■ Weitere Einkehr-/Übernachtungsmöglichkeiten: ⓘ www.naturerlebnis-vordereifel.de

Info: ⓘ www.vrm.info
Haltestelle: Fensterseifen Abzw. Achtung: nur wenige Fahrten
■ Bus 334 (Mayen-Bermel)

Wer die Wanderstiefel mal stehen lassen möchte, dem bietet der Eifel-Schiefer-Radweg eine gute Gelegenheit, die abwechslungsreiche Vordereifel mit dem Drahtesel zu erkunden. Der anspruchsvolle Radweg beginnt und endet in Monreal.

Im Inneren des Feuerberges

Mit dem Traumpfad umrunden wir den eindrucksvollen Vulkan bei Bermel, erhalten Einblicke in den Krater – und doch sollten wir dem Inneren des Feuerbergs auch heute nicht zu nahe kommen. Grund ist freilich nicht mehr die Gefahr glühender Lava, sondern der Status des Hochbermel als geschütztes Naturrefugium. Nach jahrelangem Basaltabbau konnte sich die Natur am Hochbermel und am benachbarten Kleinbermel von den Eingriffen des Menschen erholen. Aufwendig wurden Relikte der wirtschaftlichen Nutzung entfernt, Halden abgetragen und der ursprüngliche Zustand des Geländes so gut wie möglich wiederhergestellt. Diese Bemühungen haben mittlerweile Früchte getragen: Es hat sich ein artenreiches Biotop mit seltenen Tierarten etabliert.

Neben Amphibien, die in den Tümpeln und Gewässern ideale Laichplätze finden, bieten die Kraterwände verschiedenen Vogelarten geschützten Lebensraum. Aus Rücksicht auf die empfindliche Fauna und Flora sollte man sich also unbedingt an die vorgegebene Wegeinfrastruktur halten, die ein schonendes Erleben dieses Naturschutzgebietes ermöglicht.

8 Bergheidenweg

Toskana in der Eifel

- **Start/Ziel:** Parkplatz an der Wintersportanlage bei Arft

- **Tourist-Info**
  Vordereifel, Kelberger Str. 26,
  56727 Mayen ✆ 02651/800995
  www.naturerlebnis-vordereifel.de

- **Taxi:**
  Taxi-Scherer ✆ 02691/2448

- **Anfahrt:** Über die A 61 bis Abfahrt Wehr/Nürburgring, dann über die B 412 und die L 10 nach Arft – 1 km vor Arft Parkplatz Raßberg/Wintersportanlage.

scan to go

QR-Code mit der App „traumtouren" einscannen und Route anzeigen lassen.

- **Parkplatz in Arft:**
  Am Raßberg/Wintersportanlage
  N50° 23' 16.2'' • E7° 03' 57.3''

- **Wegpunkte:**

P1: Parkplatz Wintersportanlage bei Arft 32 U 362501 5583562
P2: Heidbüchel 32 U 363108 5584310
P3: Verbindung zum Wacholderweg 32 U 363589 5584254
P4: Netterhöfe 32 U 363980 5584627
P5: Querung Nette 32 U 363807 5584776
P6: Hütte 32 U 362456 5584925
P7: 1. Querung L 10 32 U 361164 5584183
P8: Heinrich Menke Denkmal 32 U 361719 5583551
P9: Adenauer-Denkmal 32 U 361982 5583720

GPS-Koordinaten nach UTM

10.2 km	3h	298 ↑ ↓	655	730 856	TPX8T12

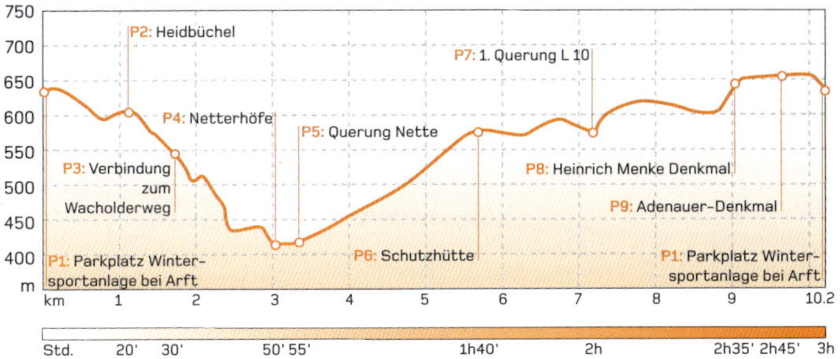

Mittelmeer-Feeling mitten in der Eifel. Der Bergheidenweg versetzt uns in fast mediterrane Umgebung und verzaubert uns mit Heidelandschaft und Eifelwald im Nettetal. Eine fantastische Mischung auf den Höhen der Vordereifel.

Unterwegs im Dr. Heinrich Menke Park.

Wir starten direkt neben der L 10 am Parkplatz der Wintersportanlage (1) bei Arft. Eine hölzerne Schutzhütte lassen wir gleich zu Beginn links oberhalb liegen und wenden uns auf dem weichen Naturweg nach Nordosten. Wir wandern durch eine aufgelockerte Heidelandschaft, knorrige Kiefern und erste Wacholder zeugen vom speziellen Charakter dieser Landschaft. Kurz folgen wir der Flanke des Raßbergs, bevor wir nach 200 m rechts abbiegen und über die Wiese zu einem querenden Schotterweg laufen. Dort geht es nach links, das nächste Nahziel, den Heidbüchel, haben wir bereits vor Augen. Noch ein weiterer Schlenker nach links und wir streben direkt auf das Naturschutzgebiet des knapp 600 m hohen Heidbüchels zu. Der Bergheidenweg bringt uns auf tollem Weg direkt durch das Schutzgebiet nach **1.2 km** bis auf den Gipfel (2). Wir sind begeistert von dem mediterranen Flair, das die üppigen Wacholderbüsche verströmen. Erika, Heidegras und die typische Sandflora schlagen uns schnell in ihren Bann. Vom Heidbüchel aus genießen wir den Blick nach Norden und Nordwesten, bevor unser Weg uns abwärts zurück in den Wald führt. Nach **1.7 km** gelangen wir an eine Wegkreuzung **(3)** und halten uns geradeaus. Rechts biegt hier der Verbindungsweg zum benachbarten Wacholderweg ab, den wir aber an einem anderen Tag ablaufen möchten. Wir wandern auf dem Waldweg nun leicht abwärts, bis wir den Waldrand erreichen. Hier biegen wir an einer großen Wiese nach rechts und folgen dem Waldrand bis zu einem Querweg. Jetzt laufen wir links bergab durch die herrlichen Brachwiesen, die uns besonders im Frühsommer mit toller Blütenpracht erfreuen. Gleichzeitig schweift unser Blick über die ungestörte Naturlandschaft der Eifel. Immer geradeaus folgen wir dem bald enger werdenden Wiesenweg, der uns stetig abwärts ins Nettetal führt. Einige Weiden bleiben links liegen, bis wir schließlich nach **2.5 km** auf nur noch 435 m Höhe knapp oberhalb der Netterhöfe nach links auf einen hangparallelen Wiesenweg abbiegen. Nach einer weiteren Wiesenpassage tauchen wir kurz in den Wald ein, passieren ein Wasserhäuschen und treffen schließlich im Nettetal ein. Wir biegen nach dem letzten Haus der Netterhöfe nach links **(4)** und queren fast unbemerkt die noch schmale Nette.

Idyllisch breitet sich nun das Nettetal vor uns aus! Am Waldrand wandern wir nordwärts, der Wiesenweg ist von feuchtliebenden Pflanzen

Rast und Romantik pur.

Kühlendes Nass.

Beschwingtes Wandern auf dem Traumpfad.

gesäumt. Bei **Kilometer 3.3** können wir mit der Nette auf Tuchfühlung gehen: große Trittsteine stehen zur sicheren und in der Regel trockenen Querung des munteren Baches **(5)** bereit. Nur 150 m später mündet der Selbach ein, und wir verabschieden uns von der Nette. Mit einem Linksschwenk folgen wir nun dem urigen, dicht bewaldeten Tal des Selbachs aufwärts. Eindrucksvolle Felsen begrüßen uns, doch bald schon bewegen wir uns in vielfältigem Mischwald stetig bergan. Das Plätschern des Bachs wird schwächer, denn wir entfernen uns nach einer Kehre zunehmend vom Wasser und steigen zur freien Hochfläche der Wüstung Selbach. Nach **5.2 km** haben wir die offene Landschaft erreicht. Ein überwältigendes Panorama erwartet uns. Eine solide Schutzhütte **(6)** bietet 350 m später genau zum richtigen Zeitpunkt Gelegenheit zur Rast und zum Genießen der wunderbaren Aussicht.

Danach laufen wir auf dem zunächst geteerten Weg nach Südwesten, bald geht der Belag in Schotter über. Nach Erreichen der Anhöhe folgen wir einem Wiesenpfad hinab zur L 10, die wir in einer

Schäfer-Stunde: Wissenswertes am Wegesrand.

Senke queren (7). Drüben geht es am Waldrand entlang bergan, bis wir uns am Ende einer Wiese nach rechts wenden. Nach zwei weiteren Richtungswechseln haben wir den Wald hinter uns gelassen und befinden uns wieder in einer herrlichen Heide. Vom Wind gekrümmte Kiefern und zerzauste Wacholder geben Zeugnis vom oft rauen Eifelklima. Doch an einem Sommertag liegt wieder der würzige Wacholderduft in der Luft, der uns vom Süden Europas träumen lässt. Wir folgen dem Bergheidenweg durch das Schutzgebiet des Dr. Heinrich Menke Parks und erreichen nach **9.1 km** auch das Denkmal für den engagierten Naturschützer (8). Atemberaubend schön ist der Ausblick, der sich uns von hier über die weiten Kuppen der Eifel bietet! Mühsam reißen wir uns von der Szenerie los und laufen, von Nadelwald flankiert, wieder zur L 10. Auf der anderen Straßenseite grüßt, in Stein gehauen, Konrad Adenauer (9). Zum Abschluss unserer Rundtour laufen wir noch um den Raßberg und genießen ein letztes Mal die fantastische Heidelandschaft, bevor wir nach **10.2 km** wieder am Parkplatz (1) eintreffen.

Restaurant und Pension Zur Krone, Mayener Straße 9, 56729 Langenfeld 02655/769 www.eifelgasthaus-zur-krone.de

Pension Brigitte Schäfer, Auf Binsen Nück 18, 56729 Arft 02655/960400
- Gaststätte/Pension Eifelschenke, Hauptstr. 9 56729 Arft 02655/1362

Info: www.vrm.info
Haltestelle: Dorfstraße (Arft)
- Mo-Sa: Bus 340 (Mayen-Arft)

In Weibern lohnt im Steinmetzbahnhof das Tuffsteinmuseum als Abstecher. Neben einer großen Gesteinssammlung zur Eifel wird auch die kulturgeschichtliche Bedeutung des Rohstoffs Tuff aufgezeigt. Nur auf Anfrage geöffnet. Kinder unter 8 Jahren haben freien Eintritt. Tuffsteinmuseum-Steinmetzbahnhof, 56745 Weibern 02636/19433 www.weibern.de

Auch im Winter hat die Region um Arft einiges zu bieten. Besonderer Anziehungspunkt ist die Wintersportanlage. Neben einer Abfahrtspiste mit Flutlicht gibt es einen Kinderhang und 2 Lifte. Schnee-Telefon: 02655/3539. Bei ausreichend Schnee ist die Anlage Mo.-Fr. von 14–16.30 Uhr, Sa., So. von 10.30–16.30 Uhr in Betrieb. Flutlicht gibt es Mo., Mi., Fr. von 18.30–21.30 Uhr. Weitere Infos beim Wintersportverein Mayen e.V.: www.wsv-mayen.de

Weitblicke vom Menke Park aus.

Mekka des Motorsports

Wahrzeichen der Eifel und Mekka für alle Motorsportfans ist das Areal an der Nürburg, deren charakteristischer Turm sich seit dem 12. Jahrhundert weithin sichtbar über die Eifel erhebt. Die ursprünglich von den Grafen von Are erbaute Burg fiel 1290 an den Kölner Erzbischof. 1689 wurde die Nürburg in den Wirren des Dreißigjährigen Krieges durch die Franzosen zerstört und danach als Steinbruch ausgebeutet.

Umfangreiche und umsichtige Restaurierungen sorgen seit 1954 für den fast vollständigen Erhalt der Grundmauern und des Turms.

⏲ 1.4.–30.9: tgl. 9–13 Uhr und 14–18 Uhr, 1.10.–31.3.: tgl. 9–13 Uhr und 14–17 Uhr, Mo. und im Dez. geschlossen.

9 Wanderather

Auf Pilgerspuren

- **Start/Ziel:** Ortsmitte Wanderath

- **Tourist-Info**
  Vordereifel, Kelberger Str. 26,
  56727 Mayen ✆ 02651/800995
  www.naturerlebnis-vordereifel.de

- **Taxi:**
- Heinz ✆ 02651/700999

- **Anfahrt:** Über die B 258 von Mayen nach Virneburg. Von dort die K 12 und die K 11 nach Wanderath.

scan to go

QR-Code mit der App „traumtouren" einscannen und Route anzeigen lassen.

- **Parkplätze:**
- St.Jost-Wallfahrtskapelle
  N50° 21' 25.2'' • E7° 05' 56.5''

- **Wegpunkte:**
  P1: Ortsmitte Wanderath 32 U 361246 5579760
  P2: Welschenbach 32 U 362274 5580761
  P3: Aussicht 32 U 362788 5581174
  P4: Achterbachtal 32 U 363239 5581277
  P5: Schwarze Madonna 32 U 364332 5580858
  P6: Kapelle 32 U 364714 5580049
  P7: Abzweig am Steinbruch 32 U 363141 5579845
  P8: Aussicht 32 U 362898 5579592
  P9: Querung K 12 32 U 361953 5579530

12.6	3h 45min	303	538	866 1016	
km		↑ ↓			TPX1T19

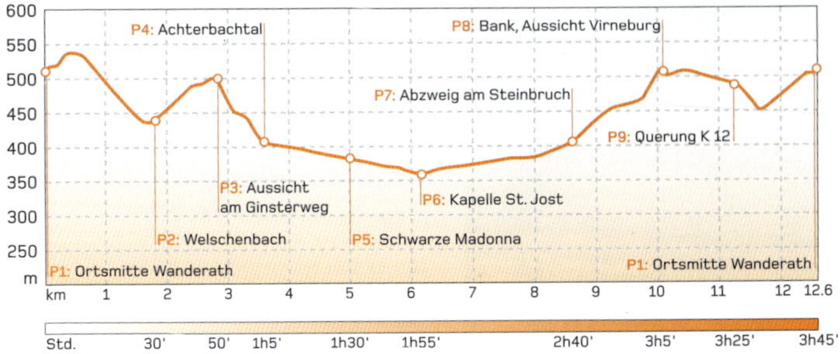

Ginster und Wacholder, Hochwald und Felsen, ein plätschernder Bach und großartige Panoramablicke – wer auf den Spuren der Jodokuspilger durch die Eifel bei Wanderath wandert, wird nicht nur innere Ruhe finden, sondern auch tolle Naturerfahrungen machen können.

Mitten in Wanderath, direkt an der Kirche (1), starten wir zu dieser Rundwanderung. Wir queren die K 11 und laufen über die Blumenstraße zum Ortsrand. Dort beginnt ein Wiesenweg, der uns leicht bergan mit einer Linkskurve zu einem Teerweg am Waldrand bringt. Wir wenden uns nach rechts und genießen den Blick über Wanderath und die Umgebung. Nach **600 m** wandern wir durch wogende Felder und Wiesen – die letzten Häuser und der Wald am Eichelsnick bleiben zurück. Exotisch zottelige Lamas schauen uns interessiert nach, und wir sind von der fantastischen Aussicht um uns herum überwältigt.

Der Wiesenweg neigt sich langsam abwärts und schon erkennen wir das nächste Zwischenziel: Welschenbach. Nach **1.7 km** stoßen wir auf die K 11, folgen ihr zur Kreuzung mit der K 13, wo wir rechts Richtung Zentrum von Welschenbach

Lama-Gatter am Wegesrand.

laufen. Unser Aufenthalt im kleinen Dorf währt nur kurz, denn kaum sind wir bei den Häusern rechts bergan abgebogen (2), wenden wir uns links dem Wald zu. Wir gewinnen an Höhe und halten uns an einer markanten Kreuzung links. Wenig später verlassen wir den Wald und laufen durch freies Land: Weite Grasflächen, üppige Hecken, im Frühling leuchtend gelbe Ginsterbüsche und bizarre Wacholder prägen die Landschaft. Der weiche Grasweg rundet diese traumhafte Passage ab. So schön kann Wandern in der Eifel sein!

An einer verwitterten Holzbank gabelt sich nach **2.8 km** der Weg, und wir wenden uns nach rechts (3). Nachdem wir die grandiose Aussicht genossen haben, dürfen wir wieder durch ein Spalier von Ginstern wandern, langsam senkt sich der Weg ab. Wir passieren eine Schutzhütte und queren gleich darauf einen Schotterweg. Halb rechts setzen wir unsere Tour fort und laufen durch ein kleines Tannenwäldchen abwärts. So gelangen wir zu einigen Viehweiden und biegen links zum Achterbachtal ab. Nach **3.6 km** treffen wir auf einen Splittweg, dem wir nach rechts folgen (4). In sattem Grün präsentieren sich die Wiesen im Talgrund. Wer hier

Ein Spurt durchs Kornfeld.

Rast im Kornfeld.

Durch das Achterbachtal.

Jodokus Brunnen.

im Frühsommer wandert, wird mit leuchtender Blütenpracht begrüßt. Langsam verengt sich das Tal, bis wir schließlich den Bach queren und uns in niedrigem Wald wiederfinden. Der Achterbach begleitet uns zu einem Brunnen bei der Schwarzen Madonna (5), wo wir das Gewässer erneut queren. An einer Felswand ist hier nicht nur ein Rastplatz eingerichtet, auch eine Madonnenfigur wird liebevoll verehrt. Ein Gedenkstein weist auf die Route der Jodokuspilger hin.

Ein breiter Waldweg führt uns weiter durch das schattige und kühle Achterbachtal, Fischteiche lassen wir linker Hand unbeachtet liegen. Nach **6.2 km** erreichen wir eine Kreuzung, deren Mitte eine mächtige Eiche ziert. Hier lohnt es sich, einen Abstecher nach links zur nahen St. Jost Kapelle (6) zu unternehmen. In der nur 300 m entfernten Kapelle sind wunderschöne alte Fresken zu sehen.

Zurück an der Wegkreuzung, halten wir uns diesmal links und folgen dem Jodokuspilgerweg durch das Nitzbachtal. Unter uns rauscht der stattliche Bach, während am Wegesrand interessante Felsformationen zu bestaunen sind. Nach **7.8 km** trennen wir uns vom Nitzbach und vom Pilgerweg: Beide biegen nach links ab, während wir geradeaus einem Seitental folgen. Der Weg verengt sich und wird von urwüchsigen Farnen und Ranken flankiert. Wir behalten die Richtung bei und gewinnen langsam an Höhe, bis wir an einem alten

St. Jost Kapelle.

Steinbruch (7) scharf nach links abbiegen. Nach Querung des kleinen Bachs laufen wir zunächst eben nach Südosten, nach einer Kehre dann aber nordwestlich bergan. Über einige Serpentinen gewinnen wir deutlich an Höhe und erreichen so nach **9.7 km** die erste Wiese. Es folgt eine weitere Waldpassage mit Richtungswechseln, bevor wir nach einem jungen Tannenwald rechts steil über eine Wildwiese aufsteigen. Noch einmal wird die Wiesenlandschaft von einem kurzen Waldstück unterbrochen, bevor wir endgültig zum Naturschutzgebiet der Hohen Warte gelangen. Die Hohe Warte ist von einem niedrigen Wäldchen und der eifeltypischen Wacholderheide besiedelt. Unser Weg führt im weiten Rechtsbogen um den Berg und bietet gleich zu Beginn an einer Bank (8) eine tolle Aussicht Richtung Virneburg.

Nach erfolgreicher Umrundung des Berges, die uns vielfach Gelegenheit zum Bewundern des grandiosen Panoramas gibt, laufen wir geradewegs nach Westen. Vor uns sehen wir bereits Freilingen und Wanderath. Am Horizont können wir den markanten Turm der Nürburg erkennen. Zuerst auf einem Wiesen-, später auf einem Feldweg gelangen wir zur K 12 (9) und queren nach **11.3 km** die wenig befahrene Straße.

Wir laufen geradeaus zum Waldrand und steigen einige Meter hinab zum Talgrund. Dort treffen wir auf einen Teerweg und wenden uns nach rechts aufwärts. Bald biegt der Teerweg ab, und wir setzen die Wanderung geradeaus auf weichem Grasweg fort. Nur einen Kilometer später treffen wir am Ortsrand von Wanderath ein und wandern erst rechts, dann links zur Kirche (1). Hier endet nach **12.6 km** diese sehr abwechslungsreiche Rundwanderung.

Schwarze Madonna.

INFOS

Gaststätte Zum Treffpunkt, Hauptstraße 18, 56729 Wanderath
02656/9520709 Mo. Ruhetag
gaststatte-der-treffpunkt.business.site
■ Landgasthaus Bendisberg, In der Eisenkaul 1, 56729 Langenfeld-St. Jost
02655/3303 Mo. - Do. geschlossen, Fr. ab 14 Uhr, Sa. - So. ab 12 Uhr

Hotel am Brünnchen, Adenauer Str. 6, 56729 Baar
02656/950412
■ Waldhotel am Nürburgring
Am Buchholz 16, 56729 Baar-Wanderath
02656/9526567
www.waldhotel-am-nuerburgring.de
■ Speedys Gästehaus, Birkenweg 1, 56729 Baar, 02656-4070085
www.speedys-hotel.de

Info: www.vrm.info
Haltestelle: Hauptstr. (Baar)
Achtung: nur wenige Fahrten
■ Mo-Fr: Bus 344 (Mayen-Herresbach)

Einblick wie Erlebnis verspricht ein Ausflug in die Ettringer Lay bei Mayen: Dort geht es zu Fuß mitten durch einen Lavastrom. Besonders beliebt sind die Basaltfelsen bei Kletterfreunden. Vor allem an Wochenenden hängen Geübte hier in den Seilen, um vom Fuß des Lavastroms die steilen Klippen zu erklimmen.

Im Besucherbergwerk Bendisberg lebt der einstige Blei- und Zinkerzbergbau wieder auf. Führungen finden ganzjährig statt. Demnächst soll das Besucherbergwerk noch durch Klettermöglichkeiten ergänzt werden..
Mo. Ruhetag; Anmeldung erforderlich:
02655/962996
www.grube-bendisberg.de

Beim Heiligen Jodokus

Um das Jahr 640 soll ein bretonischer Prinz auf das Erbe verzichtet haben, um seiner Berufung zum Priester zu folgen. Dieser Prinz war der spätere Heilige Jodokus, der zunächst eine Einsiedelei im heutigen St-Josse-sur-Mer gründete. Noch heute werden Reliquien des frommen Mannes in diesem berühmten Wallfahrtsort verehrt.

In Deutschland war Jodokus zusammen mit Jakobus dem Älteren lange einer der am meisten verehrten Heiligen. Einer der kleineren Wallfahrtsorte, in denen bis heute des heiligen Jodokus gedacht wird, ist die Kapelle St. Jost, die nur etwa 300 m neben der Wanderroute liegt. Besonders sehenswert sind der kunstvolle Altar und die Wandfresken der kleinen Kapelle im Nitztal.

10 Waldseepfad Rieden

Wasser und Weitblick

- **Start/Ziel:** Parkplatz Waldsee, Rieden
- **Tourist-Info:** Tourist-Info Maria Laach
Maria Laach, 56653 Glees ✆ 02636/19433
ⓘ www.vulkanregion-Laacher-see.de
- **Anfahrt:** A 61 bis zur Abfahrt Wehr. Dann B 412 bis zur Abzweigung Weibern und Rieden. Über die L 114, K 64 und die K 19 zum Waldsee.
- **Taxi:** Taxi Bell ✆ 02652/935935
- **Parkplätze:** Waldsee Rieden
N50° 23' 20.8'' • E7° 09' 44.3''

scan to go®

QR-Code mit der App „traumtouren" einscannen und Route anzeigen lassen.

- Am Sauerbrunnen, Rieden
N50° 23' 36.0'' • E7° 10' 11.1''
- Am Schützenhaus, Rieden
N50° 23' 33.1'' • E7° 10' 58.0''
- Wanderparkplatz Gänsehals
N50° 23' 32.5'' • E7° 12' 35.8''

- **Wegpunkte:**
  - **P1:** Waldsee 32 U 369360 5583509
  - **P2:** Portal 32 U 369478 5583532
  - **P3:** Sauerbrunnen Rieden 32 U 369897 5583967
  - **P4:** Ausblick am Schützenhaus 32 U 370807 5583882
  - **P5:** Gänsehalsturm 32 U 372386 5584356
  - **P6:** Hütte 32 U 372731 5583917
  - **P7:** Maifeldblick 32 U 372486 5583373
  - **P8:** Ausblick 32 U 370399 5583012
  - **P9:** Ausblick & Hütte Udelsheck 32 U 370145 5583199

GPS-Koordinaten nach UTM

14.2 km | 4h 15min | 382 ↑ ↓ | 567 | 1004 1178 | T2X3TX6

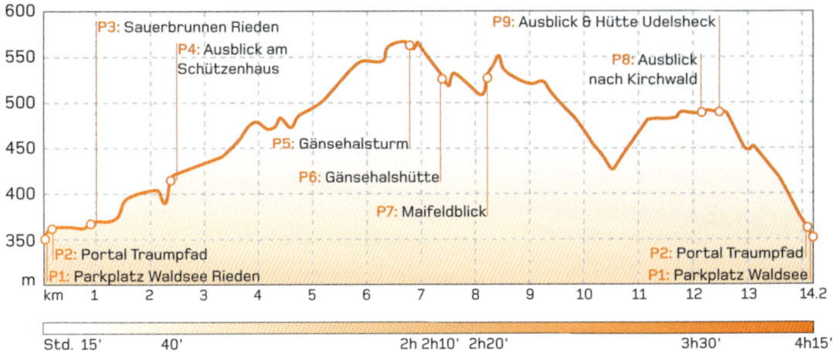

Der Waldseepfad – eine Wellness-Tour für alle Sinne: Im tiefen Wald die Blätter rauschen hören, den Duft der Fichten einatmen, kühles Nass fühlen, grandiose Aussichten genießen. Höhepunkt des Rundwegs ist die Besteigung des Gänsehals-Aussichtsturms. Von der Plattform haben Besucher ein traumhaftes 360-Grad-Panorama.

Unterhalb der Staumauer beginnen wir die Tour auf dem Waldseepfad Rieden am offiziellen Wanderparkplatz (1). Über die Zufahrt treffen wir rasch am eigentlich Startportal (2) am Ufer des Sees ein. Hier stoßen wir auch auf die Logos des Traumpfädchens Riedener Seeblick, das uns heute streckenweise Gesellschaft leisten wird. Wir nutzen den Uferpfad und lassen den Blick über die glänzende Wasseroberfläche des Sees gleiten, von der anderen Seeseite grüßt die Seehütte. Der bequeme Fußweg führt uns zügig zum oberen See, dessen Algenbewuchs gewollt ist: Es handelt sich um spezielle Algen, die zur biologischen Klärung des Wassers eingesetzt werden und für unbeschwerten Badespaß im eigentlichen See sorgen. Über einen Steg queren wir den Rehbach und wenden uns nach rechts dem Ort Rieden zu.

Von Wiesen und dem rauschenden Wasser des Bachs begleitet, treffen wir nach **900 m** am Rand der Bebauung ein. Unmittelbar am Sauerbrunnen (3) wenden wir uns nach links. Natürlich erst nachdem wir den kuriosen Brunnen genauer beäugt haben. Denn er spendet zwar herrlich kühles, klares „Säuerlingswasser", legt dabei aber mitunter lange Atempausen ein. So ist es ein verblüffendes Spiel zu erraten, wann das Mineralwasser wieder aus dem Rohr sprudelt. Vergnügt folgen wir anschließend dem Traumpfad, der schon bald die Straße verlässt und rechts auf einen Fußweg abbiegt. Weiterhin begleitet uns rechts der Rehbach, eine Kneippanlage lädt zur nächsten erfrischenden Unterbrechung ein. Schließlich endet die idyllische Talpassage an einer Querstraße.

Geradeaus bindet ein Zuweg den nahen Parkplatz am Bürgerhaus an, wir aber biegen nun rechts ab und laufen, leicht ansteigend, zum Ende der Bebauung. Nach einer Scheune halten wir uns an einer Kreuzung links und freuen uns über weichen Wiesengrund. In der nächsten Kurve bietet eine Bank Ausblick und Rastgelegenheit. Schließlich endet der Naturweg an der Straße „In der Aspel". Wir halten uns links abwärts Richtung Ortskern. Unten im Tal angelangt, biegen wir nach links und laufen auf der Dorfstraße etwa 60 Meter, bevor wir dem Ort endgültig den Rücken kehren und rechts zum Hang abbiegen. Dort erwartet uns ein neu angelegter Fußpfad, der uns mit einigen

Stufen rasch den bewaldeten Hang emporbringt. Nach **2.4 km** mündet der Pfad am Parkplatz neben dem Schützenhaus, und nur wenige Schritte weiter nach links bietet sich ein schöner Ausblick **(4)** über Rieden und das Rehbachtal.

Jetzt ist es Zeit, endgültig in die Natur abzutauchen. Dazu nutzen wir den rechts abbiegenden Waldweg, der, sanft ansteigend, unter das grüne Blätterdach führt. Kurzweilig präsentiert sich der Wald, der mal von Laubbäumen dominiert wird, mal von dichter gewachsenen dunklen Fichten und Tannen geprägt ist. Wir wandern kontinuierlich entlang der Flanke des Schorenbergs und genießen die Stille des Waldes. An einer Weggabelung nehmen wir den rechten Weg und finden uns bald im majestätischen Buchenhallenwald wieder. Auf einem Pfad erklimmen wir die letzten Meter bis zum Waldrand, wo wir nach **3.9 km** eintreffen.

Sogleich zieht der hoch über dem Wald aufragende Turm auf dem Gänsehals unsere Aufmerksamkeit auf sich: Da werden wir in Kürze hinaufsteigen! Zuvor dürfen wir aber gemütlich um das weite Wiesenareal herumwandern, das kernigen schottischen Hochlandrindern als Weide dient. Wir folgen stets dem Weidezaun und erreichen so bald die gegenüberliegende Wiesenseite. Dort senkt sich der Weg zunächst ab, bis wir bei **Tageskilometer 4.7** unmittelbar vor dem bewaldeten Hang des Gänsehalses stehen. Wir wenden uns auf weichem Wiesen-

Sauerbrunnen.

Am Gänsehals.

Blick auf Bell.

weg nach links, passieren einen Hochsitz und laufen bis zum Ende der Wiese. Im kühlen Wald werden unsere Kräfte herausgefordert, denn es gilt den steilen Hang über Serpentinen zu erobern. Durch dichten Wald streben wir aufwärts und atmen auf, als wir gut 70 Höhenmeter weiter oben aus dem Wald treten. Vor uns erstreckt sich ein offenes Feld. Wir wenden uns nach rechts und umrunden das Feld. Bald flankieren rechter Hand Nadelbäume den Weg.

Bei erster Gelegenheit biegen wir rechts ab und fühlen uns wie im Märchen: Der traumhaft weiche Nadelboden federt unsere Schritte ab, und die sanften Wedel der Bäume verleihen diesem Abschnitt eine fast zauberhafte Atmosphäre. Viel zu schnell weichen auf der rechten Seite die Bäume üppigen Hecken. Über die Zweige hinweg ergeben sich tolle Ausblicke in die Umgebung.

Am Ende dieser Passage biegen wir scharf links bergan, queren ein Wäldchen und treffen an einem asphaltierten Wirtschaftsweg ein. Wir laufen aber schnurstracks geradeaus in den Wald und finden dort einen Pfad, der sich durch den mittelhohen Mischwald weiter Richtung Gipfel windet. Dort erhebt sich der mächtige Sendeturm (▶ ❶ S. 105). Nach **6.8 km** ist es dann so weit: Wir stehen am Fuß des Turmes **(5)**. Der ist übrigens immer offen, und bei gutem Wetter sollte man den Aufstieg nicht auslassen.

Der Traumpfad führt uns vom Turm leicht abwärts und mit einigen Schlenkern durch den Mischwald. Wir passieren einen kleinen Gesteinsaufschluss und lassen den alten Turm rechts liegen. Schließlich treffen wir auf den asphaltierten Wirtschaftsweg und folgen ihm abwärts. Die Vegetation weicht zurück und gibt einen grandiosen Blick in die Umgebung frei. Kurz vor einem Wäldchen biegen wir links auf einen Waldweg ab, der uns nach wenigen Metern zur Gänsehalshütte **(6)** bringt. Hier muss man einfach Verweilen, denn die Panoramaaussicht,

Gänsehalsturm.

Aussicht vom Turm.

die bei klarem Wetter bis weit ins Neuwieder Becken reicht, ist sensationell. Zudem bietet die Hütte nach fast der halben Tagesstrecke eine gute Gelegenheit zur Rast. Gestärkt folgen wir den Traumpfad Logos abwärts und treffen nach **7.4 km** am Parkplatz Gänsehals auf einen weiteren Traumpfad: die Vier-Berge-Tour (▶ S. 106). Gemeinsam wenden wir uns rechts bergan und erreichen eine markante Kreuzung mit eisernem Wegweiser.

Zusammen biegen wir links ab und wandern auf breitem Forstweg abwärts. Erst an einer Wiese wechseln wir nach rechts und steigen am Waldrand wieder bergan. Der weiche Wiesenweg bringt uns zum oberen Waldrand, wo wir einen weiteren tollen Ausblick ins Maifeld (7) genießen können.

Hier nehmen wir Abschied von der Vier-Berge-Tour, die links Richtung Sulzbusch weiterführt. Wir aber laufen geradeaus und tauschen die offene Wiese wieder gegen schönschummrige Waldumgebung ein.

Schon bald erreichen wir die nächste Attraktion. Wir verlassen den breiten Waldweg und laufen rechts auf einem Pfad tiefer unters Blätterdach. Mitten im Wald fallen uns gewaltige Felsbrocken auf, die hier ein kleines Felsenmeer bilden. Der Waldseepfad windet sich durch die Felsen und verleiht diesem Abschnitt ein wenig Abenteuerflair. Nach dieser Einlage endet der Pfad bei **Kilometer 8.5** an einer Waldkreuzung.

Wir wandern nun gemütlich geradeaus durch den Mischwald und freuen uns am Rascheln der Blätter unter unseren Füßen. Einen abzweigenden Weg ignorieren wir und genießen wieder die Stille des Waldes. Schließlich endet unser Weg an einem querenden Forstweg.

Wir biegen rechts ab und erhaschen über eine kleine Waldwiese hinweg einen kurzen Fernblick. Dann schließt sich der Wald wieder um uns. Die nächste Kreuzung wartet mit einem kleinen Steinkreuz auf. Wir wenden uns hier nach links und folgen dem langsam absteigenden Waldweg sehr kurzweilig abwärts. Schöne Blicke bereichern diese Passage, die uns nach **9.9 km** an den Waldrand bringt. Kurz halten wir inne, um die herrliche Aussicht über die offenen Felder zu genießen.

Danach folgen wir dem Weg abwärts, bis wir am unteren Wiesenrand nach links schwenken. Abzweigende Wege ignorieren wir, durchqueren ein kleines Wäldchen und stoßen nach **10.6 km** auf einen Querweg. Hier wenden wir uns nach links bergan und wandern auf dem Wirtschaftsweg am Rande einer umzäunten Wiese aufwärts. Unterhalb einer Privathütte halten wir uns leicht rechts und spüren wieder weichen Naturboden unter den Sohlen. Weiden säumen den Weg, bevor wir einmal mehr den Wald betreten. Doch diesmal ist das Baumintermezzo recht kurz, denn schon bei **Kilometer 11** weichen die Bäume etwas zurück und machen einer Wiese Platz.

Schließlich räumen rechter Hand die Bäume ganz das Feld – und so können wir erneut eine schöne Aussicht Richtung Rieden genießen. Zwischen sattgrünem Nadelwald links und weiten Feldern rechts wandern wir fast eben nach Westen.

Direkt an einem kleinen Wäldchen biegen wir links ab und erklimmen vollends die Anhöhe. Oben begeistert uns eine tolle Panoramaaussicht (8) über das Nettetal und nach Kirchwald.

Aufstieg Udelsheck.

Wasserstufen.

Wir folgen einem Feldweg nach rechts und kosten dabei den Blick weiter aus. Nach **12.2 km** trifft der Feldweg auf einen asphaltierten Wirtschaftsweg. Wir laufen rechts weiter und erspähen schon bald voraus das nächste Zwischenziel. Bereits 200 Meter später kommen wir an der neuen Schutzhütte Udelsheck bei einer gemütlichen Pause in den Genuss einer weiteren herrlichen Aussicht (9).Unmittelbar nach der Hütte biegen wir scharf links auf einen Grasweg ab.

Fernsicht in die Vordereifel.

Dieser bringt uns gemächlich abwärts zu einem Waldareal. Dort laufen wir geradeaus außen entlang. Nach **13.1 km** münden von links zwei weitere Feldwege, wir lassen uns nicht beirren und wandern geradeaus weiter. Langsam verdrängen Hecken, später dann Niederwald die offenen Felder und Wiesen.

Wir passieren eine weitere Schutzhütte und stoßen, wie ein Wegstein verkündet, „Auf dem Perich" auf einen querenden Asphaltweg. Wir wenden uns nach rechts und laufen nun auf festem Untergrund bergab. Ein Gehege bleibt links liegen, vor uns sehen wir bereits die neue Ferienhaussiedlung am Waldsee. An den Häusern biegen wir links ab und treffen nach **14.1 km** wieder am Portal des Traumpfads (2) ein.

Nach weiteren 100 Metern beenden wir die abwechslungsreiche Wandertour auf dem Waldseepfad wieder am Parkplatz (1) unterhalb des Staudamms.

10 b Riedener Seeblick

Start/Ziel: Wanderparkplatz Riedener Waldsee

Anfahrt: A 61, Abfahrt Wehr, B 412 bis zum Abzweig Weibern/und Rieden. Über die L 114, die K 64 und die L 19 zum Waldsee

Taxi: Taxi Bell ✆ 02652/935935

scan to go®

QR-Code mit der App „traumtouren" einscannen und Route anzeigen lassen.

Parken: Waldsee Rieden (Gebühr)
N50° 23' 20.8'' • E7° 09' 44.3''
Sauerbrunnen Rieden
N50° 23' 36.0'' • E7° 10' 11.1''

Wegpunkte:

- P1 Parkplatz Waldsee Rieden
  32 U 369360 5583509
- P2 Portaltafel
  32 U 369478 5583532
- P3 Hütte und Aussicht Udelsheck
  32 U 370145 5583199
- P4 Kneippanlage
  32 U 370047 5584002
- P5 Sauerbrunnen
  32 U 369897 5583967

km	Std.	↑ ↓	▲	♀ ♂	
5.3	1h 45min	157	479	391 459	TPP02X09

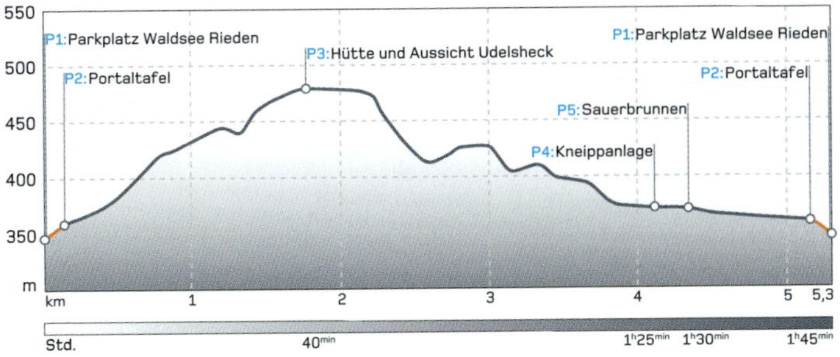

Diese Tour bei Rieden beschert uns eine gelungene und sehr abwechslungsreiche Mischung aus Wasser, Wald und Wiesen. Und am Ende lockt eine Einkehr...

Per Zuweg gelangen wir vom Parkplatz am Stausee (1) zum Portal am Seeufer (2). Hier entscheiden wir uns den Weg gegen den Uhrzeigersinn zu erkunden, wenden uns also zunächst rechts den Häusern zu. Rasch liegt die Feriensiedlung hinter uns und wir gewinnen entlang des Waldrandes stetig an Höhe.

Wir treffen an einer Wegkreuzung ein und biegen links in den lichten Wald, wo wir kurz darauf eine Schutzhütte passieren. Rasch öffnet sich danach die Waldkulisse und entlässt uns in die freie Flur. Wir genießen es, den Blick in die Ferne schweifen zu lassen und nach zwei Schlenkern am Waldrand entlang die letzten Höhenmeter der Tour gutzumachen. Dann weicht der Wald vollends zurück und wir erspähen voraus bereits die einladende Schutzhütte Udelsheck (3). Hier lässt es sich bei bester Sicht vorzüglich pausieren...

Nach dieser Unterbrechung setzen wir die Tour am Waldrand entlang fort, bevor wir links abbiegen und durch die Felder den Abstieg ins Tal beginnen. Dabei haben wir Rieden gut im Blick. Einige Schlenker überstehen wir bestens und schließlich wandern wir teils begleitet von Hecken, teils durch offene Wiesen zum Ortsrand.

Aber noch einmal verlässt unser Traumpfädchen die Bebauung und führt uns neben dem Bach zur gepflegten Kneippanlage (4): diese kühle Erfrischung kommt uns wie gerufen! Überhaupt drängt Wasser nun zunehmend in den Vordergrund, denn wenig später passieren wir auch noch den Sauerbrunnen (5), der durstigen Kehlen prickelnde Labung bietet.

Nun zieht es uns zum See! Wir folgen dem Rehbach und erreichen den Uferpfad. Dieser führt uns zum Finale gemächlich um das Idyll, zahlreiche Bänke bieten sich zur Rast an. Dann ist es geschafft und wir stehen wieder am Portal (2), von dem wir entweder direkt zum Parkplatz (1) laufen können, oder zuvor noch einen Einkehrschwenk am See einschieben.

 Herrlicher Weitblick.

Am Ufer des Waldsees.

■ Pizzeria am Waldsee, Waldseestr. 1a, 56745 Rieden, 02655/9429796 Mo. Ruhetag

Restaurant und Hotel Eifeler Seehütte, Am Waldsee, 56745 Rieden 02655/3696 www.seehuette.de
■ Hotel, Restaurant und Café Forsthaus, Nettestraße 12, 56745 Riedener Mühlen 02655/95990 www.hotel-forsthaus.com
■ Weitere Einkehr-/Übernachtungsmöglichkeiten unter: www.vulkanregion-laacher-see.de

Info: www.vrm.info
Traumpfad + Traumpfädchen:
Waldsee (Rieden/Eifel)
■ Mo-So: Bus 820 (Mayen-Kempenich)
■ Sa-So: Bus 821 (Mayen-Kempenich)

Wer auf dem Traumpfad wandert darf sich das nicht entgehen lassen: Ein traumhaftes Panorama bietet der Gänsehalsturm. Der Sendeturm aus den 80er-Jahren ist durchgehend geöffnet und kann kostenfrei bestiegen werden.

Nach der Wanderung lockt der Waldsee Rieden zum kühlenden Bad. Wer es weniger nass möchte, kann auch Boote mieten und sich mit Muskelkraft auf dem See vergnügen.

11 Vier-Berge-Tour

Täler und Tuff

- **Start/Ziel:** Parkplatz Erlenmühle, Mendig
- **Tourist-Info** Tourist-Info Maria Laach
  Maria Laach, 56653 Glees ✆ 02636/19433
  ⓘ www.vulkanregion-Laacher-see.de
- **Anfahrt:** A 61, Abfahrt Mendig. Oder über die B 262. In der Ortsmitte auf die L 20 Richtung Bell abbbiegen.
- **Parkplätze:**
  - Erlenmühle, Mendig
    N50° 22' 31.2'' • E7° 14' 26.7''
  - Wanderparkplatz Schweinsgraben
    N50° 22' 59.5'' • E7° 13' 15.3''

scan to go®

QR-Code mit der App „traumtouren" einscannen und Route anzeigen lassen.

- **Taxi:** Taxi Bell ✆ 02652/935935
- **Wegpunkte:**

P1: Parkplatz Erlenmühle, Mendig
32 U 374908 5581843

P2: Portal Traumpfad am Erlenbrunnen
32 U 374336 5582242

P3: Rauhbuur 32 U 374183 5582566

P4: Abzweig/Zuweg Marxe Lay
32 U 372795 5583055

P5: Aussicht & Hütte Gänsehals
32 U 372731 5583917

P6: Trennung Waldseepfad
32 U 372489 5583374

P7: Aussicht 32 U 371611 5581666

P8: Panoramablick Hochsteinflanke
32 U 373284 5581247

P9: Genovevahöhle
32 U 373267 5581606

P10: Dicke Buche
32 U 373247 5581892

GPS-Koordinaten nach UTM

14.5	4h 45min	490	541	1102 1294	
km		↑ ↓			T2X4TX5

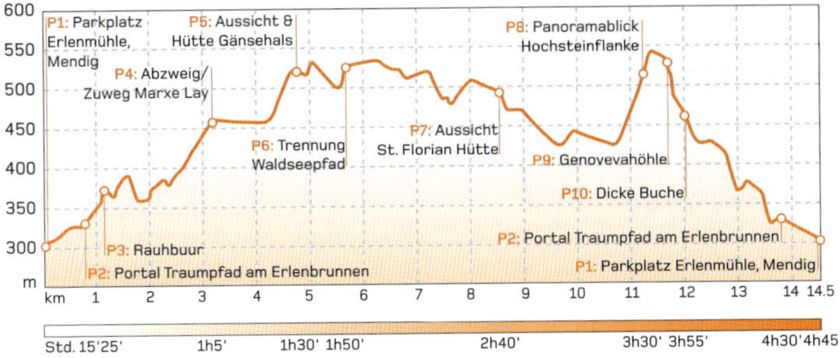

In dieser Tour ist alles drin: Idyllische Täler mit plätscherndem Nass, kühler Laubwald, beeindruckende Tuffsteinwände, genüssliche Wiesenpassagen zum Träumen und kühne Anstiege, die Kräfte fordern. Das alles wird gekrönt von sensationellen Panoramaaussichten. Ein Weg, den man gerne mehrmals geht.

Am Parkplatz „Erlenmühle" **(1)** am Ernteweg in Mendig beginnen wir die heutige Tour. Zunächst folgen wir dem Zuweg entlang des Kellbachs talaufwärts. Die Erlenmühle bleibt links liegen und an einer Weggabelung halten wir uns links. Gleich danach dürfen wir den befestigten Wirtschaftsweg gegen einen rechts parallel verlaufenden Pfad eintauschen. Nach **700 m** erreichen wir den Startpunkt des Traumpfads Vier-Berge-Tour am Erlenbrunnen **(2)**.

Neben der Schutzhütte führen uns die vertrauten orangen Logos auf einem Pfad in die Hangflanke. Der schmale Weg steigt gemächlich an und bringt uns auf Tuchfühlung mit dem mittelhoch gewachsenen Wald. Kurz nach Querung eines Waldwegs müssen wir uns nach **1.1 km** entscheiden: Wer trittsicher ist, der sollte sich hier den mit Zuweglogos markierten Abstecher zum Layfelsen nicht entgehen lassen. Während der Traumpfad selbst geradeaus dem Waldweg folgt, biegen wir also zum Abstecher rechts auf einen Pfad ab. Eng führt er uns zu einer mächtigen Tuffsteinwand, die hoch im Wald aufragt (Vorsicht: Nach starken Regenfällen besteht an der Wand Steinschlaggefahr!). Hier am „Rauhbuur" **(3)** wurden Tuffsteine für den Backofenbau gewonnen. Uns beeindrucken die feinen Schichtungen im Tuff – und einmal mehr wird uns bewusst, dass ein Vulkanausbruch nicht nur Verwüstung bringt, sondern auch wertvolle Rohstoffe zur Verfügung stellt.

In einem Bogen bringt uns der Pfad zurück zum eigentlichen Traumpfad, der wenige Meter später rechts abbiegt. Wir gewinnen etwas an Höhe und schwenken kurz vor dem Waldrand nach links. Nun streifen wir durch den lichten Niederwald, überschreiten eine Kuppe und folgen dem Traumpfad bald talwärts. Dazu wechseln wir hinaus auf freies Feld. Im Tal treffen wir auf einen asphaltierten Wirtschaftsweg und biegen links ab. Doch schon am nahen Wasserhäuschen dürfen wir wieder auf weichen Naturgrund wechseln. Am Rande einer Feuchtwiese laufen wir aufwärts und treffen nach **2.1 km** an der L 82 ein. Zunächst geht es links auf der Böschung weiter, dann queren wir die Straße und laufen zum nahen Parkplatz Schweinsgraben. Am Rande des Parkplatzes tauchen wir mit dem Traumpfad wieder in urwüchsige Waldatmosphäre ein. Unser Blick fällt auf trutzige Tuff-

Mühlstein am Wegesrand.

steinwände, die auch hier Rohstoffe für den Ofenbau lieferten. Alte Gräben überwinden wir mithilfe von zwei Stegen, hölzerne Stufen helfen Böschungen hinauf. Die zweite Brücke im Wald dient einem besonderen Zweck: Es wird kein Hohlweg überbrückt, sondern eine stark frequentierte Ameisenstraße vor der Zerstörung bewahrt. Die großen und unter Schutz stehenden, nützlichen Waldameisen bauen in diesem Areal beeindruckende Hügel und sind in der warmen Jahreszeit emsig in großer Zahl unterwegs. Wir queren eine Waldschneise und erreichen ein von Nadelbäumen dominiertes Waldstück. Hier schwenken wir nach links und steigen unter dem schattigen Dach der Tannenwedel gemächlich bergan. Nach **3.2 km** stehen wir schließlich am Abzweig (4) eines weiteren Abstechers: Links führen Zuweglogos hinab in die Marxe Lay, ein beeindruckendes Schluchtengebiet aus vulkanischem Gestein. Die Vier-Berge-Tour selbst setzt sich rechts auf breitem Waldweg fort. Bald lösen hochgewachsene Buchen die Nadelbäume ab, und unter unseren Füßen raschelt das Laub bei jedem Schritt. Der Wald präsentiert sich abwechslungsreich, denn nach der nächsten Kurve übernehmen mittelhohe Eichen, später Misch-

Marxe Lay.

wald die Regie. Bei **Kilometer 4.2** erwartet uns eine besondere Naturattraktion: der „A-Baum"! Direkt an der Abbiegung nach links strebt ein zweiwurzeliger Eichenbaum der Sonne entgegen. Die beiden nahtlos verwachsenen Stämme wurzeln in Form eines „A" und markieren diesen Richtungswechsel auf einmalige Art und Weise.

Nun wird es anstrengend, denn die Flanke des ersten Berges, des Gänsehalses, möchte erobert werden. Auf weichem Waldpfad gewinnen wir an Höhe und können bei kurzer Waldrandberührung mit tollem Blick zum Laacher See verschnaufen. Der Aufstieg setzt sich fort, bis wir auf 517 Meter Höhe den Parkplatz Gänsehals erreichen. Hier verläuft der Traumpfad geradeaus bergan auf einem Forstweg. Wir aber lassen uns zum nächsten Abstecher verführen: Wir laufen rechts aus dem Wald heraus und folgen den Hinweisschildern zur nur 100 Meter entfernten Schutzhütte Gänsehals. Hier schwelgen wir nach **4.8 km** in einer phänomenalen Aussicht (5) über die Vulkaneifel, zum Laacher See und bis weit ins Neuwieder Becken. Dieses traumhafte Panorama darf man einfach nicht verpassen! Wir sollten uns übrigens nicht wundern, dass an der Hütte Traumpfadlogos zu finden sind: Die gehören zum Waldseepfad (▶ S. 94), der sich hier mit der Vier-Berge-Tour verzahnt.

Nach ausreichend „Fern-Sehen" kehren wir zurück zum Parkplatz und nehmen dort die Spur der Vier-Berge-Tour wieder auf. Wir steigen gemeinsam mit dem Waldseepfad auf einem Waldweg bergan und treffen schließlich an einer markanten Kreuzung ein. Gemeinsam wenden wir uns nach links und folgen dem breiten Forstweg leicht abwärts. Dann öffnet sich rechter Hand eine Wiese, und wir steigen mit beiden Traumpfaden rechts bergan. Am oberen Wiesenrand verabschiedet sich der Waldseepfad (6), der geradeaus führt. Wir aber lassen den zweiten Berg des Tages, den Schmitzkopf, endgültig hinter uns und laufen links am Waldrand entlang weiter.

Die „Dicke Buche".

Üppige Hecken begleiten uns, dann ergeben sich wieder herrliche Ausblicke über freies Feld. Wir treffen am Wald ein, biegen links ab, dürfen aber nach **6.8 km** rechts in den Wald wechseln. Auf weichen Waldwegen wandern wir abwechslungsreich und mit einigen Schlenkern abwärts, bis wir schließlich am Hasenborn die schützenden Bäume verlassen. Wir queren die offene Wiese und sehen vor uns den dritten Berg, den Sulzbusch. Doch auch hier begnügt sich die Vier-Berge-

Tour mit der Umrundung unterhalb des Gipfels. Wir wenden uns nach rechts und folgen dem idyllischen Waldweg im Bogen um den Berg. Mit etwas Glück leisten uns dabei wilde Mufflons Gesellschaft.

Nach **8.5 km** treffen wir an der Schutzhütte St. Florian **(7)** ein und nehmen die Gelegenheit zur Rast gerne wahr. Von der Hütte aus genießen wir den sagenhaften Ausblick ins Nettetal und hinüber bis Kürrenberg, wo mit dem Förstersteig (▶ S. 138) ein weiterer Traumpfad herrliches Wandervergnügen verspricht. Gestärkt setzen wir die Wanderung fort, die uns nun zunächst wieder abwärts führt. Nach dem Hochwald setzt die bald erreichte Heckenlandschaft einen neuen Akzent, und wir können über die Hecken am Wegesrand bereits den vierten Berg der Tour ausmachen: den Hochstein. Aus der Entfernung sieht er ganz harmlos aus, doch wir werden noch eines Besseren belehrt werden.

Zuvor genießen wir den langsam abfallenden Feldweg, der uns nach **9.7 km** ins Tal bringt. Sogleich steigt der Feldweg wieder an, aber die Steigung hinauf zu einem querenden Wirtschaftsweg ist schnell überwunden. Wir laufen nach rechts und treffen bei **Kilometer 10.5** beim Moto-Cross-Gelände ein. Hier finden dreimal im Jahr Wettkämpfe statt, bei denen man die waghalsigen Sprünge der Motorradfahrer aus nächster Nähe bestaunen kann. Am Ende des Areals queren wir die L 82 und stehen an kleinen Höhlen, die einst die Bewohner der Umgebung in den weichen Stein gegraben haben, um Schutz vor Fliegerangriffen zu finden.

Wir folgen dem grasigen Wiesenweg und sehen uns endgültig mit dem Hochstein konfrontiert. Was nun folgt, ist eine echte Herausforderung, denn steil erklimmt die Vier-Berge-Tour den Vulkankegel. Der Pfad verläuft hier mitten durch ein Naturschutzgebiet, weil die Magerrasen mittlerweile stark bedroht sind. Wir achten darauf, den Weg nicht zu verlassen, und krabbeln den Berg empor. Nach gut drei Viertel des Aufstiegs bietet dankenswerterweise eine Bank Gelegenheit zum Atemschöpfen ... Eine kurze Pause sollte man sich in jedem Fall gönnen, denn der Ausblick **(8)** von hier oben ist sensationell. Was die Mühen des Aufstiegs betrifft, so darf man sich aber nicht zu früh freuen, denn nach der Bank setzt sich der Anstieg im Wald noch einmal gut 30 Höhenmeter fort. Nach **11.4 km** ist es aber dann endgültig geschafft, und wir dürfen im Wald links auf einen breiten und vor allem ebenen Waldweg abbiegen.

Bald geht es sogar abwärts, und wir sehen vor uns Felsen über die Wipfel ragen. Über eine Leiter erklimmen wir den Fels und genießen die Aussicht vom Hochstein zum Laacher See in vollen Zügen. Danach folgen wir dem Pfad weiter abwärts und stehen vor der zweiten Attraktion dieses Berges, der Genovevahöhle **(9)**, in der einst Gräfin Genoveva Zuflucht gefunden haben soll.

Wir setzen die Wanderung weiter abwärts fort, wechseln dabei, immer gut markiert, von Pfaden auf breitere Wege und wieder auf enge Trails. Den Zuweg zum Parkplatz Hochstein lassen wir links liegen und folgen dem Weg pfadig hinab zur eindrucksvollen „Dicken Buche" **(10)**, die inmitten schlanker Bäume den Wald dominiert.

Wenig später treffen wir auf einen Forstweg und genießen im weiteren Verlauf die ruhige Waldumgebung. Noch einmal wird es spannend, nachdem wir auf engem Serpentinenpfad, unterstützt von Stufen, einen steilen Hang abgestiegen sind. Denn kaum laufen wir eine Etage tiefer wieder eben durch den Wald, ziehen nach **13.1 km** helle Tuffsteinwände unsere Aufmerksamkeit auf sich.

Schließlich lichtet sich der Wald, und wir treffen auf eine Mehrfachkreuzung. Hier biegen wir scharf links ab und laufen pfadig über eine Wiese mit Ausblick ins Kellbachtal. Die Behausung der „Ritter vom Hochstein" bleibt links liegen, und wir steigen vorsichtig weiter hinab zum Kellbach. Wir überqueren das Nass auf einem Steg, um anschließend die oft recht feuchte Wiese mithilfe von Trittsteinen zu passieren. Dann ist es so weit: Vor uns befindet sich das steinerne Rund des Erlenbrunnens, dessen kühles Mineralwasser herrlich erfrischt. Der Säuerling ist recht eisenhaltig, wovon die intensive rote Farbe des Beckens zeugt. Hier schließt sich nach **13.8 km** der Kreis der Vier-Berge-Tour **(2)**. Um zurück zum Start zu gelangen, folgen wir wieder dem Zuweg durch den idyllischen Talgrund und beenden diese sehr abwechslungs- und aussichtsreiche Traumpfadtour nach **14.5 km** am Parkplatz Erlenmühle **(1)**.

Aussichtspunkt Hochstein.

Genovevahöhle.

Erlenbrunnen.

INFOS

Vulkan Brauhaus, Laacher-See-Str. 2, 56743 Mendig ✆ 02652/520330
⏲ tgl. 11–23 Uhr (Küche: 11.30–22 Uhr)
www.vulkan-brauhaus.de
■ Weitere Einkehrmöglichkeiten:
www.vulkanregion-laacher-see.de

Hotel Felsenkeller, Bahnstraße 35, 56743 Mendig ✆ 02652/97060
www.hotel-felsenkeller.de
■ Hotel Hansa, Laacher-See-Straße 11, 56743 Mendig ✆ 02652/97080
www.mendighansahotel.de
■ Seehotel Maria Laach, Am Laacher See, 56653 Maria Laach ✆ 02652/5840
www.seehotel-maria-laach.de
■ Hotel Laacher Lay, Bahnstraße 66, 56743 Mendig ✆ 02652/93647001
www.hotel-laacher-lay.de

Info: www.vrm.info
Haltestelle: Neustr. (Bell/Eifel)
■ Mo-Sa: Bus 320 (Mayen-Mendig) oder **Haltestelle:** Im Brühl (Mendig) + Fußweg zum Start (ca. 3 km)
■ täglich: Bus 335 (Neuwied-Mayen)

Unter dem Aussichtsfels des Hochsteins befindet sich die Genovevahöhle. Einst soll sich in der Höhle im Vulkangestein die Pfalzgräfin Genoveva mit ihrem Kind verborgen haben, nachdem der verräterische Golo sie verleumdet hatte. Der Sage nach teilte eine weiße Hirschkuh das Schicksal der zu Unrecht Vertriebenen und sorgte schlussendlich auch für eine glückliche Familienzusammenführung von Pfalzgräfin Genoveva, deren Sohn und Pfalzgraf Siegfried. Der untreue Golo bezahlte seine Untat mit dem Leben.

Abkühlung gefällig? Dann bietet das Vulkanbad in Mendig das Richtige! Eine Breitwasserrutsche und ein Sprungturm ergänzen das Angebot des Freibads, das immer in den Sommermonaten seine Tore öffnet.
Vulkanbad Mendig, Laachgraben, 56743 Mendig ✆ 02652/52438 oder -980090

Offenes Buch der Erdgeschichte

Einen geologischen Leckerbissen für Laien und Profis stellt die stets frei zugängliche, bei Geologen berühmte Wingertsbergwand bei Mendig dar. Nahe der Autobahn wurde die beeindruckende Wand im Zuge des Rohstoffabbaus angeschnitten und steht mittlerweile unter Schutz. Denn die Wand offenbart einmalige Einblicke in die Erdgeschichte: Schicht für Schicht erkennt auch der Laie die Ablagerungen der heftigen Vulkanausbrüche, die einst das Land mit Feuer und Asche überzogen. Gerade mal 13.000 Jahre ist es her, dass der Laacher Seevulkan diese unfassbaren Massen an Asche und Bims ausgespuckt hat.

Anschauliche Informationstafeln auf Basaltsäulen geben Aufschluss über die geologischen Zusammenhänge und runden den Besuch dieses Naturdenkmals ab. Weitere Informationen für einen unvergesslichen Ausflug in die feurige Erdgeschichte der Vulkaneifel unter: ⓘ www.vulkanpark.com

12 Monrealer Ritterschlag

- **Start/Ziel:** Bahnhof Monreal

- **Tourist-Info:** Vordereifel,
  Kelberger Straße 26, 56727 Mayen
  www.naturerlebnis-vordereifel.de
  02651/800995

- **Anfahrt:** Monreal erreicht man von Mayen über die B 258 und die L 98.

- **Taxi:** Taxi Fiedler 02651/3030

- **Parkplätze in Monreal:**
  - Bahnhof N50° 17' 47.1'' • E7° 09' 12.5''
  - Sportplatz N50° 17' 47.2'' • E7° 08' 51.6''

scan to go®

QR-Code mit der App „traumtouren" einscannen und Route anzeigen lassen.

- **Wegpunkte:**

P1: Bahnhof Monreal
32 U 368484 5573218

P2: Portal am Pfarrhaus
32 U 368811 5573645

P3: Schnürenhof
32 U 369543 5572904

P4: Ausblick am Juckelsberg
32 U 368682 5572152

P5: Ausblick zum Hochbermel
32 U 367622 5572098

P6: Abzweig Verbindungsweg
32 U 367558 5572841

P7: Querung der L 96
32 U 367490 5573048

P8: Sportplatz Monreal
32 U 368072 5573270

P9: Felsausblick auf Burgen & Monreal
32 U 368780 5573745

P10: Abzweig zur Philippsburg
32 U 368822 5573775

P11: Löwenburg
32 U 368977 5573639

GPS-Koordinaten nach UTM

15.3 km | 4h 30min | 463 ↑ ↓ | 465 | 1104 1295 | T2X7TX2

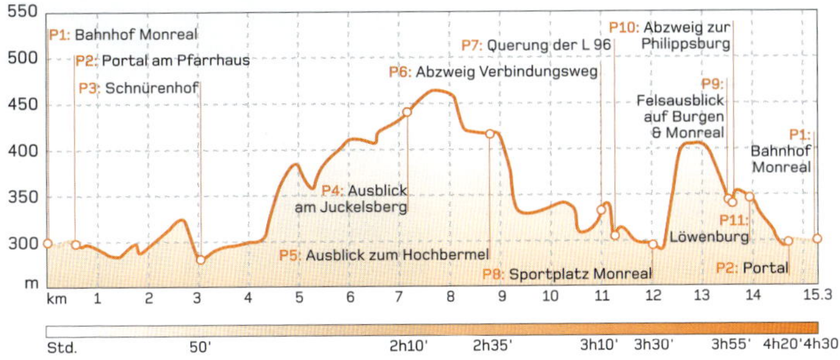

Die beiden trutzigen Mittelalterburgen hoch über Monreal dominieren die Szenerie – doch dorthin führt uns der Traumpfad erst am Ende einer grandiosen Naturtour. Abwechslung wird großgeschrieben: Feinste Fernsichten, herrliche Wälder und lauschige Täler begleiten uns auf einer Zeitreise ins Mittelalter.

Mit seinen schmalen Gassen bietet Monreal wenig freie Parkfläche – und so beginnen wir die Tour am Bahnhof (1) und folgen der Markierung des Zuwegs an der Elz entlang ins malerische Städtchen. Nach den ersten **450 m** erreichen wir die Hauptstraße und wandern links weiter ins pittoreske Ortszentrum. Hier beginnt nach insgesamt **600 m** Zuwegung an der Portaltafel (2) die Tour auf dem eigentlichen Traumpfad.

Nun vertrauen wir uns den markanten Traumpfad-Logos an, die uns perfekt durch das Gewirr der engen Gassen führen. Wir fühlen uns ins Mittelalter zurückversetzt, an jeder Ecke wetteifern aufwendig restaurierte Fachwerkhäuser um unsere Aufmerksamkeit. Tiefrote Balken setzen Farbakzente gegen die strahlend weißen Putzflächen.

Das historische Kopfsteinpflaster rundet die Szene ab und sorgt für das i-Tüpfelchen in puncto Zeitreise. Vor der eindrucksvollen Johannesbrücke mit den Löwenköpfen biegen wir rechts ab, passieren den Marktplatz und den Malerwinkel und queren mit der Unteren Schlossbrücke wieder einmal die Elz.

Wir wandern mit der Untertorstraße leicht aufwärts, biegen dann nach rechts und lassen langsam den historischen Ortskern hinter uns. Nach **0.9 km** wenden wir uns nach rechts abwärts und dürfen an der Elz auf einem engen Splittpfad zwischen Fluss und Kanal unter der Brücke der L 98 hindurchlaufen.

Auf Höhe des Friedhofs wenden wir uns nach rechts, biegen an einem Spielplatz auf eine Wiese ab und laufen nun auf weichem Gras elzabwärts. Noch einmal gelangen wir in ein Wohngebiet und biegen links in die Braunsheck ab.

Bei nächster Gelegenheit geht es dann rechts durch die Walkmühle

Start in der Fachwerkidylle.

endgültig zum Ortsrand. An einem Wendehammer wandern wir zunächst links, dann aber gleich wieder rechts, umgehen das Areal einer Grillhütte an der Rückseite und stehen schließlich am Beginn eines Waldpfads. Nach **1.8 km** tauchen wir ab in die Natur und nehmen den ersten Anstieg in Angriff.

Der Pfad steigt gemächlich an und gibt ausreichend Gelegenheit, uns mit der neuen Umgebung vertraut zu machen. Hoch und schlank streben die Laubbäume empor, und vom Pfad aus erhaschen wir ab und an Blicke ins Tal und zu den Burgen. Ein wenig aufpassen müssen wir auch, denn neben dem Pfad fällt der Hang steil hinab zur Elz.

Bald verlassen wir den Wald und sehen vor uns weite, offene Felder. Wir wandern geradeaus, und erst am nächsten Querweg wenden wir uns nach scharf nach rechts und wandern abwärts. Fast hohlwegartig gelangen wir zurück ins Tal und biegen nach rechts zum nah gelegenen Schnürenhof **(3)** ab . Wir folgen dem asphaltierten Weg über die Elz, und erst nach kurzem Anstieg dürfen wir den festen Belag nach links verlassen. Nach **3.5 km** entscheiden wir uns an einer Weggabelung für den linken Waldweg und wandern nun oberhalb des Elzbachs, der mitten durch die verträumte Talidylle plätschert. Nach einem Kilometer voller Talträume schickt uns die Markierung scharf rechts bergan.

Richtig toll wird es aber erst nach der nächsten Kreuzung: Bei **Kilometer 4.4** laufen wir geradeaus durch einen uralten, mittlerweile reaktivierten Hohlweg, der direkt aus Wilhelm Tell stammen könnte. Durch die hohle Waldgasse laufen wir stramm aufwärts, bis wir nach gut 300 Metern rechts auf einen breiten, fast eben verlaufenden Forstweg wechseln.

Bald steht bereits der nächste Richtungswechsel an: Erst rechts, gleich darauf wieder links wan-

Blick auf Monreal.

dern wir durch herrlichen und sehr abwechslungsreichen Wald. Auch dieser Weg wandelt sich bald zum Hohlweg und mündet nach kurzem Abstieg auf einen querenden Wirtschaftsweg. Nun halten wir uns links, gewinnen etwas an Höhe und bemerken, dass der Wald um uns lichter wird. Tatsächlich begleiten uns bald nur mehr Hecken und niedere Gehölze, links erahnen wir bereits freie Wiesen.

Nach **5.5 km** erwartet uns dann ein ungewöhnliches kleines Abenteuer: Wir überwinden einen Zaun und bewegen uns nun mitten durch das Areal einer Jungviehweide. Das neugierige, aber meist sehr ängstliche Jungvieh beäugt uns – und mit etwas Geduld können wir auf unmittelbare Tuchfühlung mit den Vierbeinern gehen. Etwa 600 Meter später verlassen wir die Weide wieder und laufen auf bequemem Feldweg weiter hinaus in freie Umgebung. Was für herrliche Ausblicke ergeben sich nun vor allem nach Norden und Osten! Weit lassen wir den Blick schweifen über die Kuppen der Vulkaneifel: Farbenprächtig breiten sich vor uns Felder, Wiesen und Wald aus. Schließlich schlägt unser Traumpfad eine Kehre nach links, und vorbei an einem alten Steinkreuz (mit Ruhebank) erklimmen wir endgültig die Hochfläche. Bevor wir rechts zur nahen L 98 abbiegen, lädt am Juckelsberg nochmals eine Bank zum Verweilen und Ausschauhalten (4) ein. Dann queren wir die L 98 und laufen schnurstracks zum Waldrand. Dort geht es rechts

Philippsburg.

am Feld entlang, bevor wir wieder ins üppige Grün abtauchen dürfen. Unter den Wedeln der Nadelbäume geht es bis zum nächsten Querweg, dem wir rechts entlang der Hangflanke folgen. Wir genießen die Ruhe des Waldes, die nur ab und an durch die eindringlichen Pfiffe der Bahn unterbrochen wird. Nach **8.8 km** erreichen wir den nächsten, atemberaubend schönen Ausblick **(5)**: Von einer Bank schweift der Blick hinüber zum Hochbermel und ins Thürelztal. Nahezu unberührt liegt uns das stille Tal zu Füßen, und wir bekommen Lust, bei der nächsten Tour auf dem Hochbermeler (▶ S. 68) diese Idylle näher zu erkunden. Doch zunächst wandern wir geradeaus weiter, bis uns die markanten Logos links auf einem Pfad zur Hangkante schicken. Wir steigen zwischen den dünnen Stämmen der uralten Krüppeleichen in Serpentinen den steilen Hang hinab.

Fachwerkromantik.

Blick auf die Philippsburg.

Im Thürelztal angelangt, wenden wir uns rechts auf einen weichen Waldweg, der uns oberhalb des eigentlichen Baches nach Norden führt. Ginster säumen den Weg und sorgen im Frühsommer für Farbenpracht. Dann umschließen uns wieder die rauschenden Kronen der Laubbäume. Nach **10.3 km** biegen wir links auf einen schmalen Pfad ab. Zunächst folgen wir ihm über einen Felsriegel, dann geht es abwärts, und wir treffen auf dem Talweg ein. Durch eine Unterführung queren wir die Bahnstrecke, danach halten wir uns sofort links und gelangen mit dem Bahndamm über die Thürelz. Wir queren den asphaltierten Zugang zum Heunenhof, erklimmen die Böschung und laufen in weitem Linksbogen am Wiesenrand entlang. Am Waldrand treffen wir schließlich auf den Verbindungsweg zum Hochbermeler (6).

Wir ignorieren diesen Abzweig und laufen zunächst auf weichem Waldweg geradeaus, bald aber auf engem Pfad bergan zum Kamm des bewaldeten Rückens.

Kurz bevor wir auf dem Felssporn über der L 96 angelangt sind, biegen wir links abwärts auf einen Pfad ab, der uns ins Tal führt. Wir queren eine Wiese und anschließend die Straße (7), wenden uns nach rechts und erklimmen den schroffen Felsriegel. Oben erwartet uns wieder eine traumhafte Pfadpassage durch den Niederwald entlang des Felsengrats, der sich zwischen Elz (links) und Thürelz (rechts) erhebt. Schließlich steigen wir nach rechts ab und queren bei der Augstmühle die Thürelz. Eine kurze Pfadpassage bringt uns zur nächsten Brücke, die bereits über die Elz führt, denn 200 Meter oberhalb mündet die Thürelz in die Elz.

Nun haben wir den Sportplatz von Monreal (8) und damit den Beginn des Zugangsweges nach Monreal erreicht. Wem die ganze Tour zu lang ist, der kann hier nach rechts abkürzen, nimmt dabei aber in Kauf, die Löwenburg, den kulturellen Höhepunkt der Tour, zu verpassen. Also wenden wir uns nach links auf den breiten Radweg. Bei **Kilometer 12.2** beginnt dann der letzte wesentliche – und recht anstrengende Aufstieg. Eigentlich sieht der Hang gar nicht so hoch aus, doch während wir uns den Serpentinenpfad emporkämpfen, werden wir eines Besseren belehrt. Fast 100 Höhenmeter weiter oben ist es dann geschafft, und wir verlassen den Wald, laufen nun mit einigen Schlenkern über offenes Wiesenland und erhaschen erste Blicke zu den Burgen.

Noch einmal geht es sanft aufwärts, bis wir von der Wiese wieder in den Wald wechseln und nun pfadig weiterwandern. Unvermittelt öffnet sich an einem Felssporn die Waldkulisse und wir sind sofort in den Bann gezogen von der sagenhaften Aussicht (9) hinab auf Monreal, das Elztal und die Burgen! Wie eine Modelllandschaft liegt der Ortskern tief unten im Tal.

Noch einmal tauchen wir in den Wald ab, erreichen eine Kreuzung, an der rechts der Zugangsweg zur Philippsburg (10) abzweigt. Wir streben ein letztes Mal bergan, biegen aber nur 50 Meter später rechts auf einen Pfad ab, der bald durch mannshohe Ginster ins Freie führt. Vor uns erheben sich nun die mächtigen Mauern der Löwenburg (11), die wir nach **13.9 km** erreichen.

Zwischen den uralten Mauern fühlen wir uns in die Zeit der Recken und Ritter, der Minnesänger und Burgfräulein versetzt. Vom hohen Turm aus haben wir das ganze Tal im Blick – und es fällt schwer, sich wieder loszureißen. Entlang den alten Mauern folgen wir bei sagenhaftem Blick auf Monreal dem Pfad abwärts. Unmittelbar nach

Am Fuße der Löwenburg.

der Kehre neben einer Schutzhütte verlassen wir den alten Pfad und folgen rechts einem uralten, wieder aktivierten schmalen Weg, der uns schließlich an der Kirche vorbei ins Ortszentrum bringt. Von hier sind es nur noch wenige Schritte zum Portal (2), wo sich nach **14.7 km** der Kreis dieser spannenden Zeitreise schließt. Zurück zum Bahnhof (1) folgen wir dem Zugangsweg, den wir bereits vom Beginn her kennen. Zuvor laden die verwinkelten Gassen, die kleinen Ateliers und auch die Gastronomie zu einem Besuch ein, der diese grandiose Tour zwischen Mittelalter und Naturgenuss gelungen abrundet.

Der Monrealer Ritterschlag wurde als Deutschlands schönster Wanderweg 2011 ausgezeichnet.

Weitblicke von der Löwenburg.

INFOS

Brixius-EckCafé, Konditorei, Bäckerei, Grabenstraße 1, 56729 Monreal ✆ 02651/2498

■ Restaurant „Stellwerk", Bahnhofstr. 58 56729 Monreal ✆ 02651/77767
ⓘ www.stellwerk-monreal.de
⏲ Mo.+ Di. Ruhetag

■ Altes Pfarrhaus Monreal
Kirchstraße 23, 56729 Monreal / Eifel
✆ 0176/20292187

■ Cafe Plüsch, Obertorstraße 14 (Altes Pfarrhaus in Monreal), 56729 Monreal ✆ 02651/7039111
ⓘ www.cafe-plüsch-monreal.de

Haus Löwenburg, Bahnhofstr. 1, 56729 Monreal ✆ 02651/71701
ⓘ www.haus-loewenburg-monreal.de
(auch Restaurant)

■ Weitere Übernachtungsmöglichkeiten:
ⓘ www.naturerlebnis-vordereifel.de

Info: ⓘ www.vrm.info
Haltestelle: Grabenstr. (Monreal)
■ Mo-Fr: Bus 334 (Mayen-Bermel)
oder **Haltestelle:** Monreal Bahnhof
■ täglich: RB 38 (Mayen Ost-Andernach)

Lust auf eine romantische Laternenführung durch das abendliche Monreal oder auf eine Burgführung mit Rittermahl? Jörg Geisbüsch bietet unterschiedliche Erlebnisführungen durch Dorf und Burg an.
Weitere Infos: Jörg Geisbüsch, Obertorstr. 18, 56729 Monreal ✆ 02651/492300
ⓘ www.am-olle.de

Feinstes Fachwerk

Das kleine Städtchen duckt sich ins enge Elztal und wird vom Bergsporn herab gleich von zwei Burgen bewacht: der Löwenburg und der benachbarten Philippsburg. Monreal bietet verwinkelte Gassen und pittoreske Fachwerkhäuschen, die mit den bunten Balken einen tollen Kontrast zu den dunklen Lavasteinen bilden, aus denen beispielsweise die drei Brücken des Ortes bestehen. Die berühmteste ist die mittlere, die Nepomukbrücke mit der Statue des hl. Johannes von Nepomuk und einer einzigartigen Löwenskulptur.

Monreals Wurzeln gehen weit zurück ins Mittelalter. Bereits 1229 erwähnen Urkunden den Ort als „mons regalis" (Königsberg). Aus dieser Zeit stammt auch die trutzige Löwenburg. So geschützt, wundert es nicht, dass Monreal schon 1306 Stadtrechte eingeräumt bekam. Fast ebenso wichtig war die Verleihung des Marktrechtes, was zur raschen Etablierung als Handelszentrum führte. Nach den Wirren des 30-jährigen Krieges entwickelte sich Monreal im Schatten der zerstörten Burg Löwenstein zu einem Zentrum der Tuchindustrie. Bis zu 64 Webstühle sorgten bis zum Beginn der Industrialisierung für Wohlstand.

Doch der massenhaften Fertigung von Stoffen in modernen Fabriken war diese Tuchherstellung nicht gewachsen, Monreal verlor ab Mitte des 19. Jahrhunderts zunehmend an Bedeutung und versank im Dornröschenschlaf. Heute ist es ein beliebtes Ausflugsziel, das seine Besucher auf eine Zeitreise ins Mittelalter führt. Weitere Informationen unter: ① www.monreal-eifel.de

13 Pellenzer Seepfad

Stille Stunden am See

- **Start/Ziel:** Nickenich, Parkplatz am Tumulus
- **Tourist-Info** Tourist-Info Maria Laach
  Maria Laach, 56653 Glees ✆ 02636/19433
  www.vulkanregion-Laacher-see.de
- **Anfahrt:** A 61 bis Abfahrt Kruft, und dann auf der B 256 nach Kruft. Dort weiter auf die L 119 nach Nickenich.
- **Taxi:** Taxi Busch ✆ 02632/491111
- Taxi Bell ✆ 02652/935935
- **Parkplätze:**
- Am Tumulus, Nickenich
  N50° 24' 48.0'' • E7° 18' 52.6''
- Am Waldsee, Kruft
  N50° 25' 31.6'' • E7° 17' 26.1''

scan to go®

QR-Code mit der App „traumtouren" einscannen und Route anzeigen lassen.

- **Wegpunkte:**

P1: Start 32 U 380256 5585947
P2: Beginn 32 U 370195 5586008
P3: Aschewand & Ausblick 32 U 380354 5585707
P4: Aussicht an Hermann-Hütte 32 U 380502 5585330
P5: Aussicht Eppelsberg 32 U 380457 5585132
P6: Waldsee 32 U 379700 5584083
P7: Ausblick 32 U 378875 5584559
P8: Hütte 32 U 378755 5584451
P9: Klosterblick 32 U 377577 5584703
P10: Infotafel CO_2 32 U 378212 5585908
P11: Siebengebirgsblick 32 U 379131 5587263
P12: Pellenzblick 32 U 380530 5587130

GPS-Koordinaten nach UTM

16.3 km | 5h | 486 ↑ ↓ | 419 | 1183 1388 | T2X5TX4

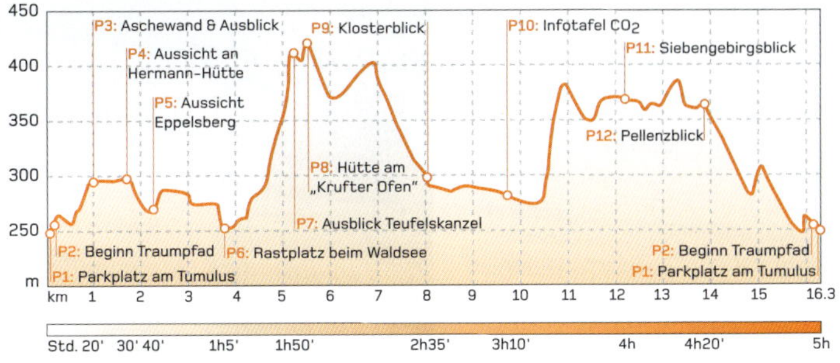

Wasser, Wiesen und Wälder – und dazu wunderbare Weitblicke: Der Pellenzer Seepfad führt zu beeindruckenden Vulkanaufschlüssen, zum „Krufter Ofen", zur Teufelskanzel und zur Einkehr am Laacher See. Wer die Badehose im Rucksack hat, kann sich unterwegs im Krufter Waldsee abkühlen.

Unmittelbar am Wanderparkplatz in Nickenich (1) geht es gleich geschichtsträchtig los: Ein römischer Grabtumulus erregt unsere Aufmerksamkeit. Nach der kurzen Stippvisite bei den Römern widmen wir uns dem eigentlichen Ziel des Tages: Nur 100 m vom Parkplatz entfernt, befindet sich an der Zufahrt zur Schießanlage der Einstieg zum Pellenzer Seepfad (2).

Während wir den schilfgesäumten Biotopsee der „Sauren Wiese" links liegen lassen, folgen wir den markanten orangen Traumpfad-Logos auf dem Waldpfad geradewegs leicht bergan. Nach nur wenigen Schritten öffnet sich links ein kleines Tal. Wir wandern bis zur Weggabelung am Waldrand und orientieren uns dort erneut nach links. Der breite Forstweg führt uns an der Wiese vorbei und durch lichten Baumbestand, bis wir nach **500 m** auf einen Querweg stoßen. Der Wegweiser nennt unser nächstes Zwischenziel – den Eppelsberg. Wir schwenken nach rechts und erreichen über den breiten Weg schon wenig später die nächste Kreuzung. Diesmal schicken uns Logos und Wegweiser nach links. Am Waldrand treffen wir auf die ersten vulkanischen Spuren der Tour: Im kleinen Aufschluss zeigen sich deutlich die grau gefärbten Bimsfragmente, die der Laacher Seevulkan vor zuletzt 13 000 Jahren ausgespuckt hat. An der nächsten Weggabelung wenden wir uns nach links und lassen uns von der einladenden Bank nicht aufhalten …

Ein kurzes Waldstück ist schnell durchwandert, denn auf dem

Blick in den Eppelsberg.

breiten Weg kommen wir gut voran. Wir überschreiten eine Kuppe und genießen den ersten Ausblick auf Nickenich – und einen noch tieferen Einblick in die Eifel-Geologie: Rechts erhebt sich eine eindrucksvolle mächtige Wand aus unterschiedlich gefärbten Ascheschichten (3), die ebenfalls von der feurigen Vergangenheit der Region erzählen.

Hin- und hergerissen zwischen Aussicht und Geologie marschieren wir weiter und erobern dabei einige Höhenmeter. Der kurvige Weg führt uns etwas tiefer in den aufstrebenden Jungwald. Einige Abzweigungen ignorieren wir und bleiben stets dem Traumpfad treu. Nach **1.6 km** wird es Zeit für einen kurzen Abstecher: Eigentlich biegt der Traumpfad gleich nach der Wegverzweigung auf einen Pfad nach links ab. Doch wir wählen den obersten Wirtschaftsweg und werden nach nur 100 Metern an der Hermann-Hütte mit einem grandiosen Blick belohnt (4): Schier grenzenlos breitet sich – abhängig von der Wetterlage – die Aussicht über die Pellenz vor uns aus. Ganz nebenbei bietet die Hütte auch eine gute Gelegenheit zur Pause. Einziger Wermutstropfen ist der Verkehrslärm, der von der relativ nahen A 61 heraufschallt. Anschließend kehren wir zum Pfadeinstieg zurück und gelangen nach kurzer Passage auf einen weiteren breiten Wirtschaftsweg, dem wir nun nach

Lavafels an der Teufelskanzel.

Mofetten am Seeufer.

rechts abwärts folgen. Der Abstieg währt nur kurz, denn schon nach **2.1 km** treffen wir an der großen Kreuzung an der „Barbara Bank" ein. Hier laufen wir fast geradeaus weiter. Links klafft, von den hohen Fichten nur halb verdeckt, ein großes Loch in der Erde: Wir haben den aktiven Tagebau am Eppelsberg erreicht. Kurz bevor wir an der nächsten Abzweigung geradeaus Richtung Waldsee Kruft weiterwandern, bietet eine Aussichtsplattform (5) Gelegenheit, einen Blick in den eindrucksvollen Steinbruch zu werfen: In geschwungener Linie verlaufen, scharf abgegrenzt, die Ascheschichten, die heute wertvolle Rohstoffe für die Bauindustrie liefern. Wer mehr über die Geheimnisse des Eppelsbergs erfahren möchte, sollte auch den geologischen Lehrpfad (▶ S. 136) besuchen.

Doch zunächst ist wieder Wandern angesagt, denn der Pellenzer Seepfad führt uns nun, leicht ansteigend, durch eine herrliche Baumallee mitten im Wald. Auch nach dem nächsten Schwenk nach links begleiten uns weiterhin die himmelhohen, schlanken Bäume. Aufmerksamen Wanderern entgehen auf dem Abschnitt zwischen dem Eppelsberg und dem Waldsee sicherlich nicht die insgesamt neun Holzskulpturen, die für einen Hauch von Kunstausstellung mitten im Wald sorgen.

Weitere Richtungswechsel, die uns stets auf breite, gut begehbare Forstwege bringen, überstehen wir problemlos und können dabei die Vielfalt des Waldes genießen: Denn nicht nur unterschiedliche Laubbäume haben hier ihr Revier – Fichten, Kiefern und Lärchen setzen weitere Farbakzente. Schließlich senkt sich der Weg etwas ab, und wir passieren ein Steinkreuz, das fünf Meter links vom Weg steht. Birken begleiten uns die letzten Meter hinab zu einer großen Waldlichtung nebst Rastplatz (6). Hier trifft nach **3.8 km** von links der Zugangsweg vom Parkplatz Waldsee auf unseren Traumpfad. Nach

Weitblicke.

kurzer Rast setzen wir die Tour fort und biegen zum nahen Waldsee ab. Während der Sommermonate ist das umzäunte Areal geöffnet, der Waldsee lockt dann zum kühlenden Badespaß.

Doch für den Moment lässt uns diese Aussicht kalt, und wir laufen links auf weichem Waldweg außen am Zaun entlang. Durch die dichten Bäume erhaschen wir nur ab und an einen Blick auf die glitzernde Seeoberfläche. Dann schickt uns der Traumpfad unvermittelt weg vom See nach links, um bei erster Gelegenheit wieder nach rechts abzuknicken. Durch dichten Jungwald wandern wir gemütlich weiter. Bald öffnet sich eine Wiese, die uns einen ersten Blick zum nächsten Etappenziel beschert: Hoch ragt vor uns der „Krufter Ofen" auf.

Uns schwant, dass dieser Anstieg kräftezehrend werden könnte, doch noch verläuft der Traumpfad nur leicht bergan. Das bleibt vorerst auch nach der nächsten Weggabelung so, was uns Gelegenheit gibt, die gegenüberliegende Aschewand genau in Augenschein zu nehmen. Dann widmen wir uns ganz dem herrlichen Waldweg, der durch aufstrebenden jungen Mischwald führt.

Doch nach **4.7 km** ist es dann so weit: Wir biegen links ab, und auf weichem Weg geht es nun spürbar aufwärts. Eine letzte Gnadenfrist gibt es nach dem Abzweig auf einen breiten Forstweg, der uns endgültig in hohen Buchenhallenwald bringt.

Nur etwa 150 Meter später dürfen wir die Spitzkehre nach links nicht verpassen. Der Waldweg steigt deutlich an und bringt uns immer näher an die eindrucksvoll aufragenden Felsen. Richtig anstrengend wird es unmittelbar am Fuß des steinigen Brockens: Ab hier erklimmt der Traumpfad auf engem und sehr steilem Pfad die Teufelskanzel. Trittsicher und einigermaßen schwindelfrei sollte man hier schon sein, und auch Wanderstöcke sind

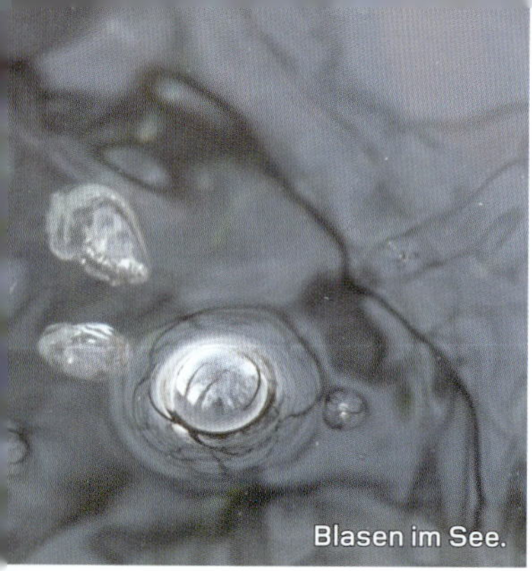
Blasen im See.

Abendstimmung.

Abkühlung.

hilfreich. Wer es beschaulicher angehen möchte, wählt hier die ausgeschilderte Alternativroute, die weniger steil verläuft.Schließlich stehen wir unmittelbar vor dem Fels, fühlen den rauen Vulkanstein mit eigenen Händen. Hier biegen wir nach links ab, überschreiten eine kleine Schwelle und finden uns vor einer Felsnische wieder. Nach kurzer Verschnaufpause setzen wir den noch immer sehr steilen Aufstieg fort. Bei **Kilometer 5.2** haben wir es dann geschafft und können von der exponierten Teufelskanzel eine grandiose Aussicht (7) auf den Waldsee, Kruft – und bei gutem Wetter auch bis weit ins Neuwieder Becken genießen. So belohnt, kommen wir auf den Bänken an der Aussicht rasch wieder zu Atem.

Den Aufstieg bis zum Gipfel des „Krufter Ofen“ erspart uns der Pellenzer Seepfad und führt uns stattdessen auf fast ebenem Höhenweg nach links. Wir passieren eine weitere herrliche Aussicht auf Kruft und Umgebung und gelangen schließlich zu einem Pfadabzweig: Rechts führt uns der schmale Weg zur etwas oberhalb gelegenen Schutzhütte „Am Krufter Ofen“ (8). Die Rastgelegenheit nehmen wir gerne wahr.

Anschließend geht es gemütlich weiter. Unter dem schattigen Blätterdach der hohen Buchen laufen wir, bis wir eine Spitzkehre erreichen und dort links auf einen absteigenden Weg kommen. In der nächsten Kurve präsentiert sich ein weiterer Panoramablick – mit solchen Premiumaussichten ist der Pellenzer Seepfad wirklich reich gesegnet. Mit lockerem Auf und Ab wandern wir in den majestätischen Hochwald, dessen mächtige Buchen uns immer wieder zum Staunen bringen. Nach **6.9 km** treffen wir mitten im Hochwald auf einen asphaltierten Forstweg und biegen nach links ab. Wir verlieren an Höhe, und bald wandelt sich der Asphalt zum befestigten Forstweg. Schließlich ist es dann so weit: Bei **Kilometer 8** erreichen wir freies Feld und erhaschen nach wenigen Metern den ersten Blick **(9)** auf die imposante Silhouette des Klosters Maria Laach.

Die Szenerie um uns präsentiert sich vollkommen verwandelt, unser Blick schweift über offene Felder und wird magisch angezogen von der glitzernden Oberfläche des Sees. Wir erreichen eine Wegkreuzung und wenden uns nach rechts. Ein asphaltierter Wirtschaftsweg führt uns nun schnurstracks zum nahen Waldrand und Richtung See. Am Wald angelangt, stößt von links die Georoute L zu uns. Kaum haben wir die ersten Schritte unter dem Laubdach des lockeren Uferwaldes absolviert, stehen wir auch schon an einer der Informationstafeln dieses geologischen Wanderwegs.

Doch wir wollen nun zum sagenumwobenen See, der, aus Feuer geboren, noch heute Zeichen der vulkanischen Tätigkeit offenbart. Zwar verläuft der Traumpfad auf dem breiten Seerundweg etwas oberhalb des Ufers, doch nach **9.2 km** bietet sich für trittsichere Wanderer als Alternative der Wechsel auf den unterhalb parallel und ufernah verlaufenden Seepfad an. Nutzt man diese alternative Strecke, dann hat man die Chance, am Rand des Schilffeldes etwas blubbern zu sehen, manchmal hört man sogar ein leises Zischen. Was steckt bloß dahinter? Die Ursache für die ungewöhnlichen Vorgänge liegt in der Magmenkammer unter dem Laacher Seegebiet. Aus dieser Kammer treten mal mehr, mal weniger Gase aus, die dann in Form von Bläschen an der Seeoberfläche zu beobachten sind. Bei dem Gas handelt es sich um CO_2, das am Ostufer an mehreren Stellen an die Oberfläche gelangt. Genau erklärt wird dieses Phänomen nach **9.8 km** an einer weiteren Tafel **(10)** der Georoute L. Diese Tafel ist übrigens auch für die Wanderer leicht zugänglich, die bisher auf der eigentlichen Traumpfadroute gewandert sind und an dieser Stelle bequem auf den Pfad wechseln können.

Wir setzen die Tour oberhalb des Ufers fort und erfreuen uns am Schlagen der Wellen. Über den See hinweg erhaschen wir auch immer wieder einen Blick hinüber zum erhaben wirkenden Kloster Maria Laach, das unbedingt einen Besuch wert ist.

Nach **10.5 km** endet unser Spaziergang am Laacher See, denn wir folgen der Markierung rechts auf einen engen Pfad. Ein Blick den Hang empor verrät uns, dass es nun wieder richtig anstrengend wird!

Schon wenig später erobern wir unter dem schattigen Blätterdach des Hochwalds den steilen Berg. Ein querender Forstweg verhilft nur zu einer minimalen Atempause, denn sogleich setzt sich der Anstieg unvermindert fort. Erst als wir die Kreuzung am Höhenrundweg erreichen, haben wir es geschafft und können uns an der Schutzhütte erholen.

Gestärkt folgen wir anschließend dem breiten Forstweg mit leichter Linkskurve durch Jungwald abwärts. Auch die nächsten Abzweigungen bewältigen wir problemlos, denn die Markierung ist vorbildlich. So bleibt auch ein kleiner Rastplatz rechts liegen, und wir queren nach **11.5 km** vorsichtig die L 116. Auf der anderen Seite wenden wir uns im lichten Hochwald nach links und wandern auf dem Pfad in einer weiten Kurve bergan, bis wir auf einen breiten Wirtschaftsweg stoßen. Der Weg kommt von links und bindet den Parkplatz Keller Kreuz an den Pellenzer Seepfad an. Übrigens: Nur 100 Meter entfernt von diesem Parkplatz entsteht ein „Keltischer Baumkreis", der – ganz im Sinne der keltischen Druiden – Raum zur Entschleunigung gibt und uns dem Rhythmus der Natur näher bringen soll.

Der Pellenzer Seepfad setzt sich am Abzweig des Zuwegs rechts fort, und bald tauschen wir den Wald gegen lockere Hecken ein, die den Weg anfangs noch begleiten. Dann weichen auch sie zurück und geben einen fantastischen Blick frei. Vor allem nach Passieren der Ruine der ehemaligen „Heimschule" bietet sich bei gutem Wetter ein großartiges Panorama bis zum Siebengebirge **(11)**.

Nachdem wir die freie Sicht über die offenen Felder gebührend genossen haben, biegen wir am Waldrand zunächst links ab, bevor es mit einem Rechtsschwenk wieder in den Wald hineingeht. Doch nun umgeben uns Birken, Kiefern und Niederwald, was an warmen Tagen stark an Heidewald erinnert. Eine kleine Schutzhütte lädt nach

Blick zum Rheintal und ins Siebengebirge.

12.6 km in idyllischer Umgebung zur Rast ein. Wir setzen die Wanderung fort, biegen nach rechts ab und halten uns auch an der folgenden Kreuzung rechts. Eine Weihnachtsbaumpflanzung bleibt rechts liegen, und wir dürfen nun durch ein Spalier schlanker Lärchen laufen. Links sorgt im Frühsommer ein Ginsterfeld für leuchtende Farben.

Wir nähern uns nun der Nordflanke des „Hummerich", und nach einem kleinen Anstieg breitet sich links die freie Fläche einer Halde aus. Über das Lockermaterial ergibt sich ein toller Ausblick, der wieder bis zum Drachenfels im Rheintal reicht.

Doch wer glaubt, damit sei das Repertoire an Ausblicken erschöpft, der irrt: Nach einer weiteren ruhigen Waldpassage auf breitem Weg weichen die Bäume rechts zurück, und vor uns liegt der „Pellenzblick" (12). Tatsächlich breitet sich nun ein grandioses Panorama nach Süden und Osten aus, das von den Vulkankuppen um Kruft und Plaidt dominiert wird.

Wir laufen am umzäunten Steinbruchareal abwärts, folgen dann dem Weg am Wald entlang nach rechts und treffen nach **14.8 km** am Ortsrand von Nickenich ein. An der kleinen Kapelle biegen wir aber rechts auf einen Feldweg und wandern am Neubaugebiet außen entlang wieder ins freie Feld hinaus. Noch einmal gewinnen wir etwas Höhe, bevor wir uns mitten im Feld links abwärts zum Wald wenden. Dort führt uns ein breiter Forstweg oberhalb des Hundeübungsplatzes langsam ins Tal zur L 116. Zunächst laufen wir dort links auf einem parallelen Fußweg, bis wir an einer Verkehrsinsel auf Höhe des Sportplatzes die Straße queren. Danach biegen wir rechts auf einen Pfad, der bald links auf einen Waldweg mündet. Ein letzter Anstieg bringt uns zum Schützenhaus, wo wir den weichen Waldboden gegen Asphalt eintauschen. Wir folgen der Zufahrtsstraße abwärts zum Startpunkt des Traumpfads (2) und weiter zum Parkplatz am Tumulus (1), wo diese an Aussichten reiche Tour nach **16.3 km** endet.

INFOS

Vulkan Waldfrieden, Laacher See Str. 1 56653 Wassenach
ⓘ www.vulkan-waldfrieden.de
✆ 02636/80960
■ Blockhaus Laacher See, Am Laacher See 56653 Wassenach ✆ 02636/8080980
ⓘ www.blockhaus-laacher-see.de
■ Weitere Einkehrmöglichkeiten:
ⓘ www.vulkanregion-laacher-see.de

Hotel Burgklause, Hauptstraße 78, 56645 Nickenich ✆ 02632/98330
ⓘ www.hotel-burgklause.de
(auch Restaurant)
■ Seehotel Maria Laach, Am-Laacher-See, 56653 Maria Laach ✆ 02652/5840
ⓘ www.seehotel-maria-laach.de
■ Weitere Übernachtungsmöglichkeiten:
ⓘ www.vulkanregion-laacher-see.de

Info: ⓘ www.vrm.info
Haltestelle: Oberdorf (Nickenich)
■ Mo-Sa: Bus 310
(Bahnhof Andernach - Maria Lach)

Untergebracht im ehemaligen Karthäuserhof im Herzen von Nickenich, stellt das Pellenz-Museum archäologische Funde der Umgebung zur Schau. Es gibt interessante Exponate aus der Jungsteinzeit bis zur Zeit der Römer zu bestaunen.
Infos: Pellenz-Museum, Zehntstraße 7, 56645 Nickenich ✆ 02632/958952
ⓘ www.pellenz-museum.de
◷ Di.–Fr. 9–12 Uhr und 14–17 Uhr, Sa., So. & feiertags: 14–17 Uhr, im Winter geschlossen.

Vulkanismus aus nächster Nähe bietet der Steinbruch am Eppelsberg etwas südlich von Nickenich. Imposant erhebt sich die ehemalige Vulkanwand, und Schicht für Schicht sind Asche und Bimsablagerungen zu erkennen. Auf dem kurzen Lehrpfad erklären Tafeln, auch für Laien verständlich, Wissenswertes rund um den Eifelvulkanismus. Der Lehrpfad ist Bestandteil des Traumpfads.

An der schwarzen Wand.

Tiefe Einblicke

Der Vulkanpark umfasst das gesamte, ehemals von vulkanischer Aktivität betroffene Gebiet zwischen Rheintal und Vordereifel. Vor rund 13 000 Jahren ergossen sich letztmals glutheiße Lavaströme über das Land. Einen ersten Einblick erhalten Besucher im Vulkanpark Infozentrum in Plaidt/Saffig. Der Vulkanpark ist weitläufig und vielfältig – neben den Naturschauspielen geben vor allem der Lava-Dome und die Lavakeller in Mendig tiefe Einblicke in die Welt des Vulkanismus. Spannend und informativ sind gut ausgeschilderte sowie anregend gestaltete Vulkanwanderwege.

⏲ März–Nov.: Di.–Fr. 9 bis 17 Uhr, Sa., So. und an gesetzlichen Feiertagen von 11 bis 18 Uhr; Nov.–März Di. bis So. von 11 bis 16 Uhr.
Vulkanpark GmbH Infozentrum Rauschermühle, Rauschermühle 6, 56637 Plaidt
✆ 02632/9875-0 ⓘ www.vulkanpark.com, Info-Hotline: ✆ 0180/1885526

14 Förstersteig

- **Start/Ziel:** Parkplatz an der B 254

- **Tourist-Info**
  Tourist-Info Mayen Theodore-Dreiser-Haus, Boemundring 6, 56727 Mayen
  ✆ 02651/903004 ⓘ www.mayenzeit.de

- **Taxi:**
- Josef Schäfer ✆ 02651/43115

- **Anfahrt:** A 48 Abfahrt Mayen/Mendig Über die B 258 zum Wanderparkplatz (Schild: Eifel Adventure Forest). Über einen Zuweg gelangt man nach 700 m zum Waldportal.

scan to go

QR-Code mit der App „traumtouren" einscannen und Route anzeigen lassen.

- **Parkplatz in Mayen-Kürrenberg:**
- Am Leichenweg
  N50° 19' 56.5'' • E7° 10' 13.2''

- **Wegpunkte:**

P1: Parkplatz 32 U 369772 5577198
P2: Waldportal Oberes Ruppental 32 U 369768 5577788
P3: Eiterbachweiher 32 U 371266 5577278
P4: Hütte 32 U 372092 5577755
P5: Altener Tempelchen 32 U 372489 5577954
P6: Fünfkantstein 32 U 370726 5577813
P7: Nettetalblick 32 U 370431 5578769
P8: Hammesmühle 32 U 370688 5579051
P9: Aussicht 32 U 368951 5578726
P10: Scheidkopf 32 U 369442 5578076

16.9 km | 5h | 509 ↑ ↓ | 528 | 1219 1431 | TPX6T14

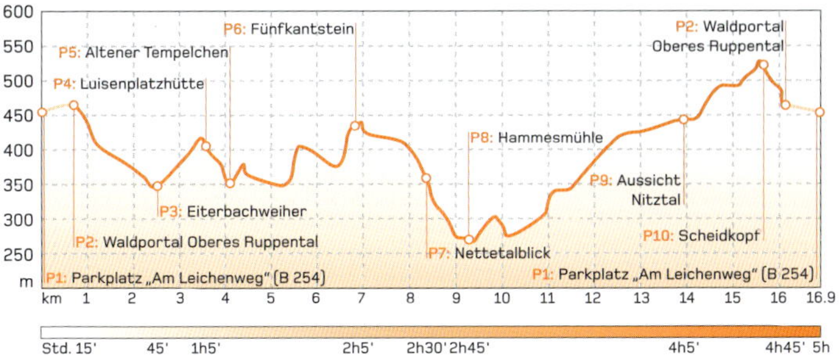

Wald und Wasser: Diese beiden Elemente beherrschen die Rundtour durch den Mayener Vorderwald. Auf den knapp 17 km erwarten uns weiche Wald- und Graswege, aber auch urwüchsige Pfadabschnitte, die zu herausragenden Ausblicken führen. So liegt uns von der Luisenplatzhütte aus Mayen zu Füßen, während wir am Nettetalblick Aug' in Aug' mit Schloss Bürresheim stehen. Und gleich dreimal bekommen wir Gelegenheit, mit dem kühlen Nass von Eifelflüsschen auf Tuchfühlung zu gehen!

Auf dem Förstersteig Wald pur genießen.

Wir beginnen diese Tour am Parkplatz „Am Leichenweg" (1) an der B 254. Ein Zuweg bringt uns durch den Hochwald nach **750 m** zum Startportal des Förstersteigs am Oberen Ruppental (2). Wir folgen einem schönen Naturweg abwärts durch das Ruppental. Nach links erhaschen wir immer wieder Blicke auf den Wiesengrund, bis unser Waldweg nach **1.4 km** auf einen Forstweg mündet, dem wir nach links um die Waldwiese herum folgen. Nun begleitet uns der zunächst noch unscheinbare Eiterbach. An einer großen Waldkreuzung wechseln wir auf die linke Bachseite und laufen durch den herrlichen Mischwald abwärts. Einige Querwege ignorieren wir und treffen nach **2.5 km** am Eiterbachweiher (3) nebst Rastplatz und Schutzhütte ein. Nach kurzem Aufenthalt dürfen wir auf einem fantastischen Grasweg bergan wandern. Gemütlich schlängelt sich dieser aufwärts und wandelt sich bald zum Pfad! Nach **3.4 km** mündet er nach rechts auf einen breiteren Waldweg. Diesem folgen wir und treffen nach weiteren 150 m an der Luisenplatzhütte (4) ein. An diesem Logenplatz laden Schutzhütte und Sitzbänke zum Verweilen ein. Unser Blick schweift über das weite Umland von Mayen, und auch das schmucke Eifelstädtchen selbst liegt im Blickfeld. Bei gutem Wetter reicht die Panoramasicht sogar bis ins Rheintal.

Nach dem Genießen der Aussicht setzen wir die Wanderung auf

dem Forstweg fort. Jetzt geht es abwärts, an der nächsten Kreuzung biegen wir halb rechts ab und folgen den hölzernen Wegweisern zum Altener Tempelchen. Dieses erreichen wir nach einigen Richtungswechseln über einen, in einer Spitzkehre geradeaus verlaufenden, Pfad. Nach **4.1 km** stehen wir an der Schutzhütte **(5)** und können die gegenüberliegende mächtige Felswand des Basaltsteinbruchs bewundern. Über einen schönen Waldpfad geht es zurück zur Spitzkehre. Hier halten wir uns rechts und verlieren im Folgenden langsam an Höhe. Weitere tolle Aussichten auf die gegenüberliegende Talseite mit ihren Basaltsteinbrüchen begleiten uns, bis wir uns im dichter gewordenen Wald links auf einen ansteigenden Pfad wenden. Auf diesem Abschnitt heißt es nun stramm bergan wandern und einige Richtungswechsel überstehen. Doch gut geleitet durch das Logo, treffen wir nach **6.8 km** am Fünfkantstein **(6)** und der gleichnamigen Schutzhütte ein. An dieser großen Kreuzung stoßen nicht nur zahlreiche Wege aufeinander, sondern auch fünf historische Territorien, die hier ihren gemeinsamen Berührungspunkt haben. Wir halten uns vom Stein aus rechts und biegen nach wenigen Metern erneut rechts auf einen alten Hohlweg ab. Leicht bergan queren wir einen weiteren Weg, laufen über die Waldkuppe und folgen dem Pfad abwärts durch den Hochwald. Nach 250 m erreichen wir einen breiten, aber schönen Waldweg, auf den wir links abbiegen. Nur unwesentlich geht es bis zum

Blick in den Basaltsteinbruch.

Rast am Felsen.

Am Fünfkantstein.

Abzweig zum Nettetalblick bergab. Kaum haben wir nach **8.4 km** diesen hervorragenden Aussichtspunkt (7) auf Schloss Bürresheim erreicht, beginnt ein steiler Abstieg ins Nettetal. Serpentinenpfad und Waldwege bringen uns sicher hinab, weitere Ausblicke bescheren immer neue Perspektiven auf das dekorative Schloss.

Schließlich treffen wir im Nettetal ein und laufen etwa 150 m auf dem Gehweg neben der L 83 nach links zur nahen historischen Hammesmühle (8), die nach **9.3 km** zur Einkehr lädt. Wer das sehenswerte Schloss Bürresheim besichtigen möchte, folgt dem Gehweg weiter zum nahen Schlossparkplatz.

Hammesmühle im Nettetal.

Traumhaft: Wandern am Waldrand.

Zur Fortsetzung der Tour biegen wir nach der Hammesmühle links über die Nette ab und laufen auf einem Waldweg bergan. Bald geht es rechts auf einen Pfad, der uns in weitem Bogen um das Schloss führt. Wir erreichen das Nitzbachtal und wenden uns weg vom Schloss, nach links. Nach **10.9 km** dürfen wir in einer Kurve den Abzweig nach links nicht verpassen. Unser Traumpfad verläuft hier steil bergan auf dem Kamm des kleinen Bergrückens und bringt uns auf den eine Etage höher verlaufenden Waldweg.

Wir wandern nach rechts, erreichen nach 350 m einen Taleinschnitt und wenden uns scharf nach links. Stetig gewinnen wir an Höhe, während wir an einzelnen Felsklippen vorbei durch den üppigen Wald laufen. Nach **14 km** offenbart sich nach rechts ein toller Blick auf das Nitzbachtal (9).

Schloss Bürresheim.

Als Nächstes steht die Umrundung des Schafskopfs an, wo eine Bank zur Rast lockt. Durch lichten Eichenkrüppelwald gelangen wir an den Abzweig eines steilen Serpentinenpfads. Beim Aufstieg nach links bewegen wir uns genau zwischen Laub- und Nadelwald. Der Bergpfad führt uns zu einem Querweg, der uns rechts zum Waldrand führt. Hier laufen wir links am Feldrand entlang, biegen nach **15.2 km** rechts ab und steigen durch die Wiesen zum Scheidkopf auf.

Beim Aufstieg zum Gipfelwäldchen genießen wir die phänomenal schönen Aussichten auf die Eifel (10)! Nach dem Überschreiten des Scheidkopfs dürfen wir bei grandioser Sicht abwärts durch die wogenden Wiesen und Felder wandern. Nach **16 km** erreichen wir den Waldrand, wo uns ein kurzer Serpentinenweg zurück zum Startportal (2) bringt. Über den bereits bekannten Zuweg kehren wir zurück zum Parkplatz (1), wo diese spektakuläre Tour nach **16.9 km** endet.

14 b Eifeltraum

WaldWanderWunder

Start/Ziel: Parkplatz Rhododendron an der B 258, Mayen-Kürrenberg

Anfahrt: A 48 bis Abfahrt Mayen/Mendig, B 258 bis Mayen-Kürrenberg. Am Ortsende rechts in den Wald zum Parkplatz.

Taxi: Josef Schäfer 02651/43115

Parken: Rhododendron an B 258
N50° 20' 06.2'' • E7° 08' 54.7''

Wegpunkte:

P1 Parkplatz Rhododendron an B 258
32 U 368235 5577524

P2 Reinig-Hütte
32 U 367892 5577768

P3 Aussicht an Bleiberghütte
32 U 368273 5578632

P4 Naturkneippanlage
32 U 369018 5578128

▶ Mit dem PKW ca. 2 km vom StartpunktTraumpfad Förstersteig entfernt

scan to go®

QR-Code mit der App „traumtouren" einscannen und Route anzeigen lassen.

5.3 km	1h 45min	121	491	370	434	TPP03X08

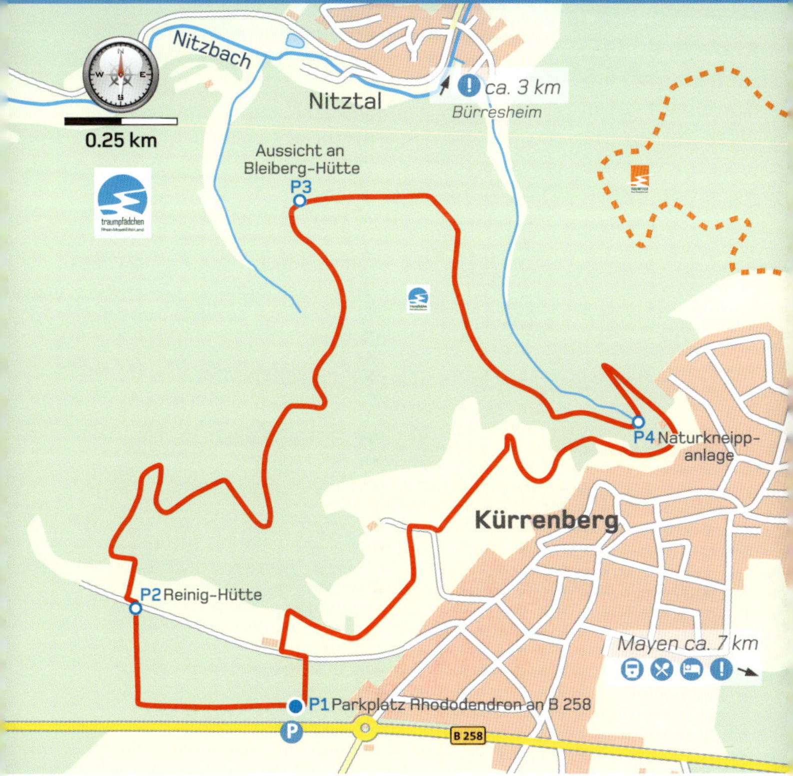

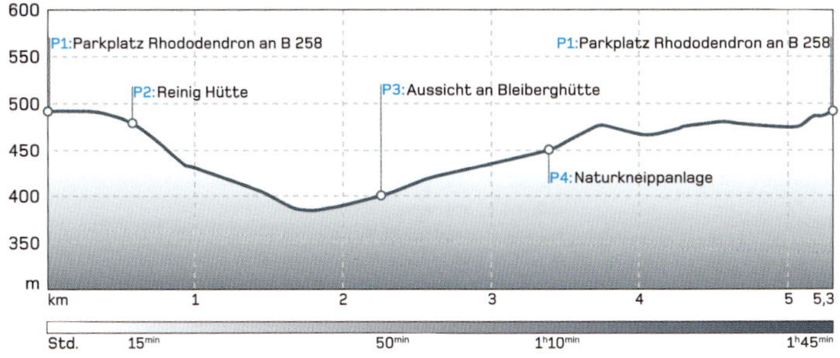

Hallenwald, Niederwald oder eine mediterrane Mischung aus duftenden Kiefern und knorrigen Eichen gefällig? Dann ist der Eifeltraum genau der richtige Weg!

Wir beginnen die Runde am Parkplatz Rhododendron (1) direkt an der B 258. Da wir im Uhrzeigersinn laufen wollen, wenden wir uns zunächst westwärts. Der ebene, bequeme Waldweg führt uns durch herrlichen Buchenhallenwald und sofort fällt der Alltagsstress von uns ab. Noch besser wird die Entspannung, als wir rechts abbiegen und die Geräusche der Straße immer mehr verhallen.

Wir passieren die Reinig-Hütte (2) und queren eine Wiese, bevor es durch dichten Mischwald spürbar bergab geht. Einige Kurven später queren wir ein tief eingeschnittenes Kerbtal und sind nun mitten drin in der wunderbar ruhigen Waldeinsamkeit

Sanft führt unser Traumpfädchen nun bergan und wir erfreuen uns an flankierenden Felsen und dem Wandel des Waldes: immer mehr rückt eine Mischung aus Eichen und Kiefern in den Vordergrund und sorgt für eine mediterrane Atmosphäre. Besonders an warmen Sonnentagen ist diese Passage auch für unsere Nase ein Erlebnis, denn tief atmen wir den von ätherischen Ölen dominierten würzigen Duft des Waldes ein.

Unser Glück ist perfekt, als wir hart an der Hangkante des Nitztales die Bleiberg Schutzhütte (3) erreichen und in dieser Oase der Stille vollends entspannen können. Wir lassen den Blick talwärts schweifen und empfinden es als wohltuend nichts als Natur zu sehen.

Nach ausgiebiger Pause setzen wir die Wanderung auf bequemem Waldweg fort und gewinnen dabei stetig aber gemütlich an Höhe. In einer Kurve erwartet uns die nächste Überraschung: eine echte Natur-Kneippanlage (4) lädt zur gesunden Erfrischung!

Erquickt meistern wir danach spielend den folgenden Anstieg zum Ortsrand von Kürrenberg. Wir freuen uns über den Wechsel vom Wald in die offene Landschaft saftiger Wiesen, wo wir bei weitem Blick beschwingt ausschreiten. Einige Richtungswechsel und noch ein paar Höhenmeter später treffen wir wieder am Waldrand ein und genießen noch einmal die weite Aussicht. Dann führt uns ein schmaler Waldpfad zurück zum Parkplatz (1).

Genovevaburg.

Blick ins Nitzbachtal.

Traumblick vom Traumpfädchen.

INFOS

Cafe Bistro Dajöh, Marktplatz 43
56727 Mayen ✆ 02651/1405
ⓘ www.dajöh-mayen.de
■ Hotel Restaurant Jägerhof, Ostbahnhofstr. 33, 56727 Mayen ✆ 02651/43293,
ⓘ www.hotel-jaegerhof-mayen.de

Hotel garni Weinhaus Eifeler Hof
Koblenzer Str. 15, 56727 Mayen
✆ 02651/4980880
ⓘ www.eifeler-hof-mayen.de/
■ Pension Willebuhr, Laachstr. 26, 56727 Mayen-Kürrenberg, ✆ 02651/705980
■ Vulkanpark Jugendherberge,
Am Knüppchen 5, 56727 Mayen
✆ 02651/2355

Info: ⓘ www.vrm.info
Traumpfad + Traumpfädchen:
Grundschule (Kürrenberg)
■ Mo-Fr: Bus 344 (Mayen-Herresbach)
■ Mo-Fr: Bus 343 (Mayen-Boos)

Direkt am Startparkplatz des Traumpfades Förstersteig an der B 258 lockt der „Eifel Adventure Forest" Kletterwald Mayen mit Nervenkitzel pur! Während der Sommersaison können sich Jung und Alt je nach Können und Mut auf unterschiedlich schwierigen Parcours vergnügen. Infos unter: ⓘ www.move-up-gmbh.de, ✆ 02651/7041570

Vielfältig und abenteuerlich ist ein Besuch im Deutschen Schieferbergwerk in der Genovevaburg in Mayen. Allein die simulierte Lorenfahrt verspricht Abenteuer pur, und spätestens beim Rundgang durch die Stollen bricht das Entdeckerfieber aus. Genovevaburg, 56727 Mayen ⏲ Di.–Fr. (u. feiertags) 10–17 Uhr, Sa., So. 10–18 Uhr
✆ 02651/498508 ⓘ www.mayenzeit.de

Register

J

K

L

M

Notizen

IMMER AUF DEM LAUFENDEN
mit dem wander-touren-newsletter

Die Natur hat nicht immer geöffnet: Nicht selten kommt es vor, dass Wege nach heftigen Stürmen oder starken Regengüssen unpassierbar sind, Wegabschnitte verlegt werden müssen oder Parkplätze vorübergehend gesperrt sind. Um immer aktuell auf dem Laufenden zu sein empfehlen wir unseren Leser das kostenlose Abo unseres Newsletters. Auf www.wander-touren.com können Sie sich dazu eintragen und erhalten bei Bedarf aktuelle Informationen und besondere Hinweise.

GPS: So funktioniert's

EINFACH HIMMLISCH GEFÜHRT

Besitzer von GPS-Navigationsgeräten (Outdoor-Geräte oder Smartphones) kommen nie vom Weg ab und wissen immer, wo sie gerade sind: In allen Rad- und Wanderführern des ideemedia-Verlags finden Sie die Rad-, Wander- und Erlebnisrouten für Outdoor-Navigationsgeräte. Die Touren liegen im weit verbreiteten *gpx-Format vor.

Mit dem kostenlosen Programm BaseCamp von Garmin ist es möglich, die Tracks anzusehen, zu bearbeiten und direkt auf Garmin-Geräte zu laden. Dieses Programm kann auch ohne die zusätzlich zu kaufende Karte eingesetzt werden, bietet dann aber nur eine globale Karte ohne Details. BaseCamp läuft zudem auch auf Apple Computern. Alle anderen Hersteller von Outdoor-GPS-Geräten bieten ebenfalls kostenlose Programme an. Allerdings müssen Sie meistens auch eine digitale Karte erwerben, um den Track am PC und auf Outdoor-Geräten auf der Karte zu sehen. Für PC-Nutzer ist zudem die Software MagicMaps Tour Explorer empfehlenswert. In OpenStreetMaps oder Google Maps können die Daten mit Hilfe eines GPX Viewer angezeigt werden. Diese Kartenansicht können Sie für unterwegs zum persönlichen Gebrauch ausdrucken.

DIREKT ZUM PREMIUM-TRACK: SO FUNKTIONIERT ES

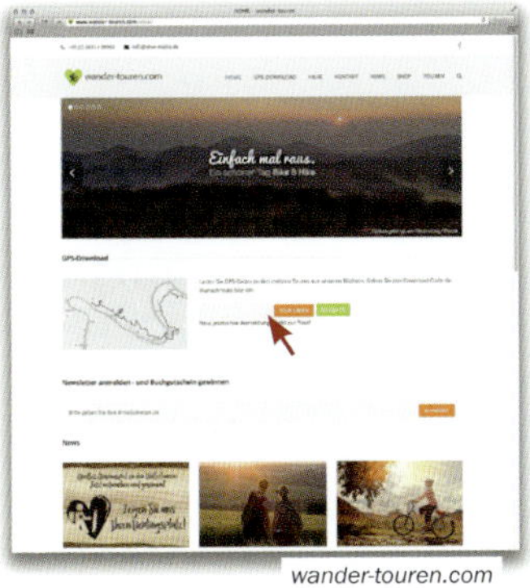

wander-touren.com

Zum Download der Routen benötigen Sie entsprechende Tour-Codes. Diese finden Sie neben der Karte, unter der Schwierigkeitsangabe.Auf der Internetseite www.wander-touren.com geben Sie den Code ein. Eine gesonderte Anmeldung ist nicht erforderlich. Sie bestätigen mit der Downloadanfrage, dass Sie im Besitz des entsprechenden Buches (Print oder elektronisch) sind. Wenn Sie per Mail über Updates zu den Touren informiert werden möchten, melden Sie sich bitte unter www.wander-touren.com zum Newsletter an.

Sollte der eingesetzte Internet-Browser aus Sicherheitsgründen den Datendownload blockieren, lassen sich die Sicherheitseinstellungen vorübergehend verringern. Alternativ klicken Sie mit der rechten Maustauste auf den Button „Tour laden“ bzw. „Datei downloaden“ und öffnen ein neues Fenster (neuer Tab) zum Download.

▶ GPX-DATEN AUF OUTDOOR-NAVIS LADEN

Als Buchbesitzer können Sie die Daten als Datei im weit verbreiteten *gpx-Format als Einzeltour laden und danach auf Ihrem PC ablegen. In einzelnen Fällen können die Daten hinter den Codes auch gebündelt als *.zip-Datei verpackt vorliegen, die Sie vor der weiteren Verwendung entpacken müssen.

Als Nächstes müssen Sie die herunter gelandene Tour auf Ihr Navigationsgerät übertragen. Für die meisten GPS-Outdoor-Geräte ziehen Sie einfach den Track von Ihrem Desktop, nach Verbinden des GPS-Geräts mit dem Computer, in das GPS-Verzeichnis Ihres Outdoor-Geräts, das Sie als Laufwerk auf dem Desktop sehen. Sollte Ihr GPS-Gerät ein besonderes Format verlangen, können Sie den Track mit der Software RouteConverter in fast jedes Format konvertieren. RouteConverter ist ein kostenloses GPS-Werkzeug, um Routen, Tracks und Wegpunkte anzuzeigen, zu bearbeiten und zu konvertieren. Es läuft sowohl auf PC als auch auf Apple Computern. Zur Übertragung der Tour-Daten können Sie auch die Ihrem Kartenprogramm oder Navigationsgerät beigelegte Software nutzen. Bei Problemen mit der Übertragung der Daten auf Ihr Navigationssystem wenden Sie sich bitte an den Hersteller.

ALLGEMEINE HINWEISE

Alle Daten wurden auf Fehlerfreiheit geprüft und werden bei Änderungen der Wegführung nach Verfügbarkeit aktualisiert. ideemedia übernimmt keine Haftung für mögliche Abweichungen, Vollständigkeit, Verfügbarkeit und Einsatz auf allen Navigations-Modellen. Sollte ein Gerät das Laden von *.gpx-Daten nicht ermöglichen, so wenden Sie sich in diesem Fall bitte an den Hersteller. Die Nutzung der Tour-Downloads ist nur Buchbesitzern zur privaten Verwendung gestattet, eine Weitergabe an Dritte sowie das Vervielfältigen auf Datenträgern jeder Art ist untersagt. Kommerzielle Nutzung ist nur nach schriftlicher Vereinbarung mit ideemedia gestattet. Idee, Konzeption und Daten sind urheberrechtlich geschützt.

Die Daten enthalten einen Sicherheitscode und werden bis zu 36 Monate nach Ausgabetermin des Buches zur Verfügung gestellt.. Eine Vervielfältigung zur Verteilung oder Verlinkung ist strikt untersagt und kann bei Missbrauch zu Schadenersatzforderungen führen.

PREMIUM-GPS: WAS IST DAS?

Im Gegensatz zu vielen anderen Anbietern im Print- und Online-Bereich greifen wir nicht auf die Standard-Daten von kostenlosen Internetportalen, privaten oder öffentlichen Anbietern zurück, sondern ermitteln die Daten vor Ort und aktualisieren diese im Regelfall, wenn uns gravierende Änderungen bekannt werden. Die Arbeit ist aufwendig und kostenintensiv – und daher bitten wir um Verständnis, dass wir diese aufbereiteten Daten in vollem Umfang nur unseren Kunden zur Verfügung stellen.

GPS-DATEN VERARBEITEN: NICHT OHNE ÜBUNG

Trotz enormer Fortschritte in der Gerätebedienung ist es für Laien nicht völlig unkompliziert, die Daten richtig nutzen zu können. Da es sich bei den *.gpx-Daten um ein kostenfreies Zusatzangebot zu unseren Printprodukten handelt, können wir keine Unterstützung für GPS-Geräte, GPS-Software oder Kartengrundlagen leisten. Bitte wenden Sie sich dazu an Ihren Hersteller oder Lieferanten und arbeiten Sie sich gründlich in die Möglichkeiten der GPS-Nutzung ein. Verlassen Sie sich auch bei Ihren Touren nicht ausschließlich auf Ihr GPS-Gerät, Empfangsprobleme, Batterie- oder Softwareprobleme sind nicht unbekannt. Zudem könnten Sie ihr Gerät unterwegs verlieren. Wir empfehlen deshalb aus Erfahrung die zusätzliche Mitnahme von Buch und Karten.

GPS FÜR SMARTPHONES

*.gpx-Daten auf ein Smartphone zu laden funktioniert mit mehreren Apps sowohl für iPhones als auch für Android-Geräte. Unser Tipp: Testen Sie verschiedene Apps und prüfen Sie, mit welcher Software Ihr Gerät fehlerfrei arbeitet. Probleme kann es geben, wenn unterwegs Daten geladen werden müssen. Von Netzproblemen abgesehen, kann das zu hohen Kosten führen.

GPS: So funktioniert's

Eine ausführliche Erklärung zur Verwendung von unseren *.gpx-Daten auf einem Smartphone finden Sie unter: www.wander-touren.com. In der folgenden Kurzanleitung wird der Download und die Verabeitung unserer *.gpx-Daten auf einem iPhone 13 (IOS 16.3.1) unter der Verwendung der kostenlosen App „Komoot“ dargestellt. Andere Geräte, Betriebssysteme oder Apps können davon abweichen, das Prinzip bleibt dabei jedoch ähnlich.

Tourcode auf „www.wander-touren.com“ eingeben und den *.gpx-Track downloaden (Schritte 1-4). (Der Code befindet sich auf der Startseite des jeweiligen Kapitels unter der Angabe zur Schwierigkeit.)

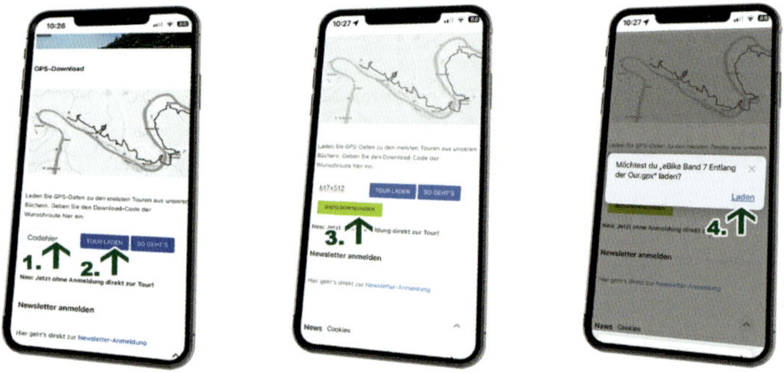

Die Datei befindet sich in der Regel im Downloadordner. Durch Tippen auf den Pfeil in der Browser Leiste, dort hin navigieren (Schritt 5-6). Alternativ über das lokale Datenverwaltungssystem (bei IPhones die Apple eigenen App Dateien) die Downloads öffnen und die Datei suchen.

Anschließend durch langes Drücken auf das Icon/ die Datei, das Menü öffnen und die Option „Teilen“ auswählen (Schritt 7-8). Neben den Möglichkeiten „via Mail“ oder „Nachricht“ findet man weiter rechts (über die Symbole wischen) auf dem Gerät installierte Apps die zum Öffnen kompatibel sind. Durch Tippen auf das Symbol öffnet sich die App und beginnt mit dem Import des Tracks (Schritt 9).

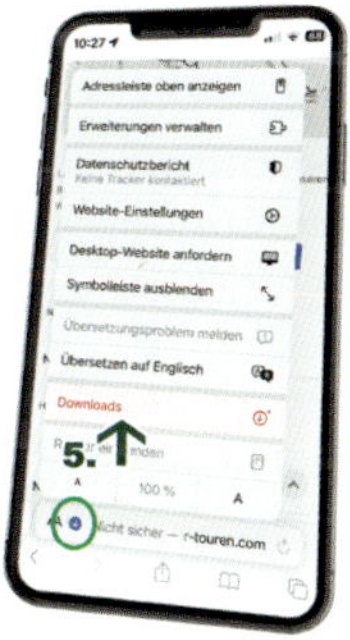

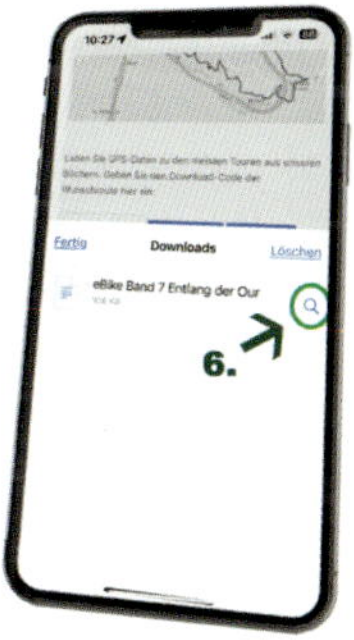

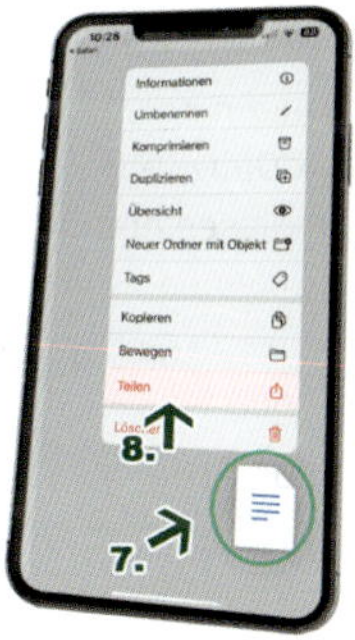

Da unsere Daten viele zusätzliche Punkte und Abstecher haben, muss die korrekte Darstellung ausgewählt werden (Schritt 10). „Komoot“ gibt anschließend die Option, den Track an bekannte Wege anzupassen. Da unsere Daten vom Autor erfasst und laufend aktualisiert werden, empfehlen wir den Originalverlauf beizubehalten (Schritt 11). Die Route kann nun als zukünftige Tour gespeichert und anschließend auf der Karte angezeigt werden.

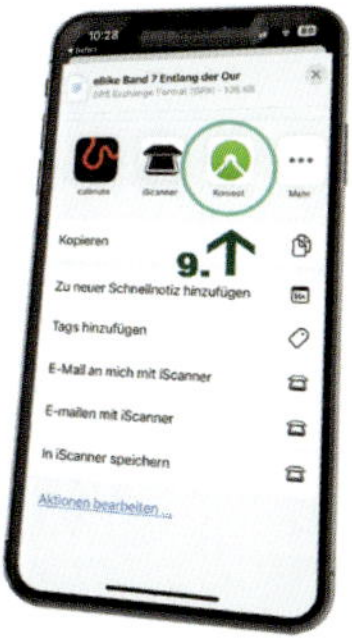

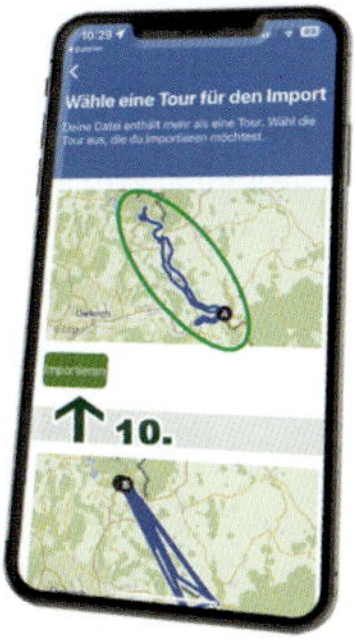

Prüfen Sie vor Antritt der Tour, ob die Daten korrekt angezeigt werden und Sie die Routenführung starten können. Vergleichen sie die Darstellung zur Sicherheit mit der Karte im Buch, um Fehler beim Verarbeiten oder in der App auszuschließen.

Impressum

Herausgeber: Uwe Schöllkopf (ideemedia GmbH)
Autoren: Ulrike Poller und Wolfgang Todt
Redaktion: Barbara Schöllkopf, Uwe Schöllkopf
Redaktionelle Mitarbeit: Anna Ley
Grafik / DTP / Produktion: Dominik Lamberti
Verlag: ideemedia GmbH, im Aubisch 1b, D-56567 Neuwied
Telefon: 02631/9996-0 • Telefax: 02631/9996-55 • E-Mail: info@idee-media.de
Karten: KGS Kartografie Schlaich/ideemedia
Internet: www.ideemediashop.de • www.wander-touren.com

Wir danken dem Projektbüro Traumpfade, insbesondere Nicole Pfeifer, für die Unterstützung.Traumpfade ist eine Marke Rhein-Mosel-Eifel-Touristik (REMET) Koblenz. **www.traumpfade.info**
Alle Angaben wurden nach bestem Wissen recherchiert und sorgfältig überprüft. Sollten sich dennoch Fehler eingeschlichen haben, bitten wir um Entschuldigung und Benachrichtigung. Für Fehler übernimmt der Verlag keine Haftung. Aktuelle Änderungen, Downloads und Updates zum Buch finden Sie unter www.wander-touren.com

Die Deutsche Bibliothek – CIP – Einheitsaufnahme: ISBN 978-3-942779-65-4

Titelbild: Rhein-Mosel-Eifel-Touristik, Klaus-Peter Kappest / ***Monrealer Ritterschlag***
Fotos: Rhein-Mosel-Eifel-Touristik: Klaus-Peter Kappest, Klaus Hurtienne
Weitere Fotos: Ulrike Poller, Wolfgang Todt, K. Schöllkopf, ideemedia, Vulkanpark, Wikipedia/F. Dreyer

Autoren

Ulrike Poller studierte in ihrer Heimatstadt Würzburg Mineralogie und promovierte in der Schweiz über das Silvretta Massiv. 1995 kam sie als Wissenschaftlerin ans Max-Planck-Institut für Chemie in Mainz, wo sie zusammen mit Wolfgang Todt Altersbestimmungen durchführte.

Wolfgang Todt, aufgewachsen in Heidelberg, studierte Physik und Geologie. Von 1980 bis 2005 leitete er am Max-Planck-Institut für Chemie in Mainz die Arbeitsgruppe für Geochronologie.

Wolfgang Todt und Ulrike Poller sind verheiratet. Gemeinsam bemühen sie sich heute, die Qualität von Wanderwegen zu verbessern. Infos unter: **www.schoeneres-wandern.de**